Claudia Fischer

Stone art

AF630643

STEINE BEMALEN
KLEINE GESCHENKE

Botschaften & Motive, die von Herzen kommen

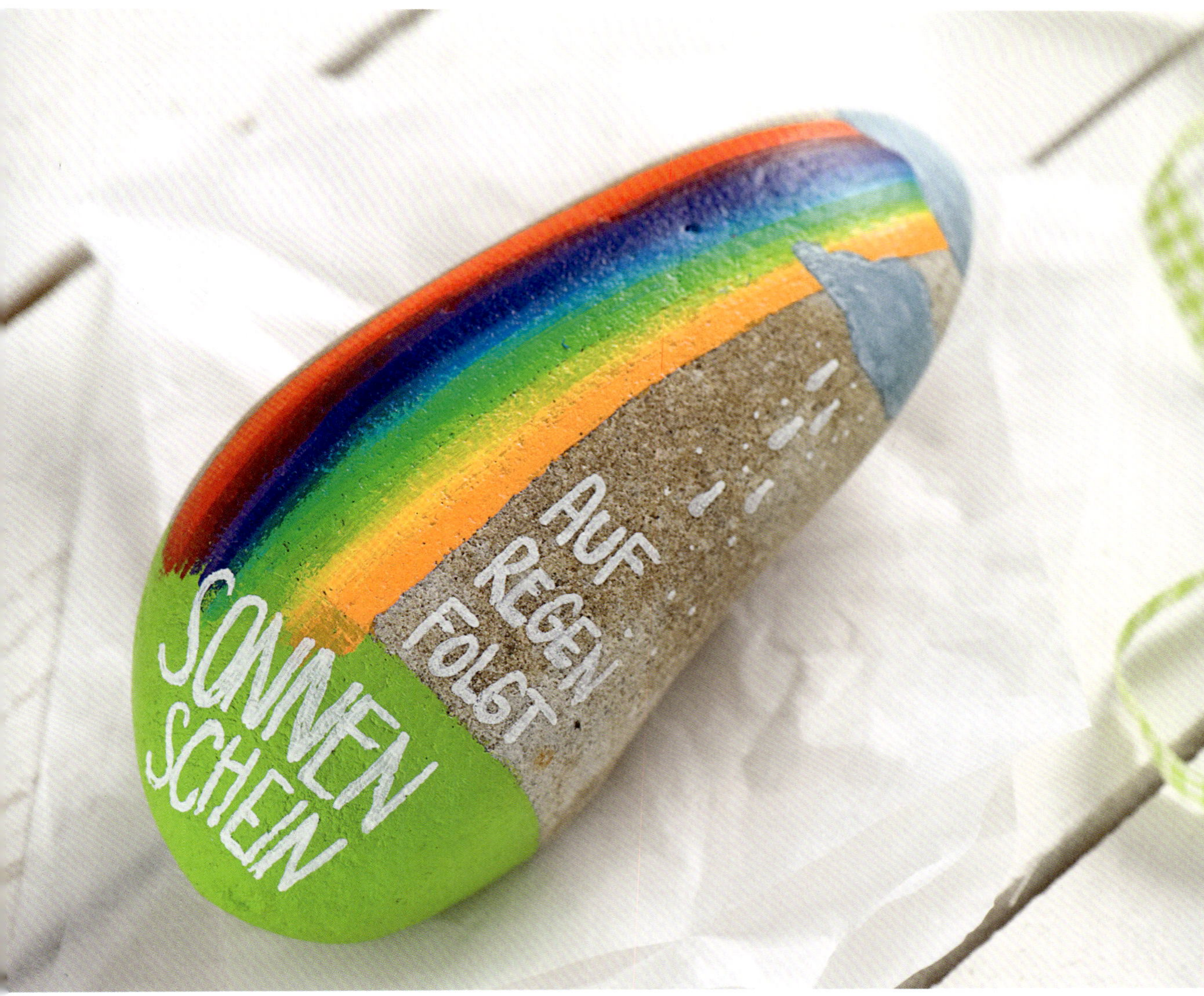

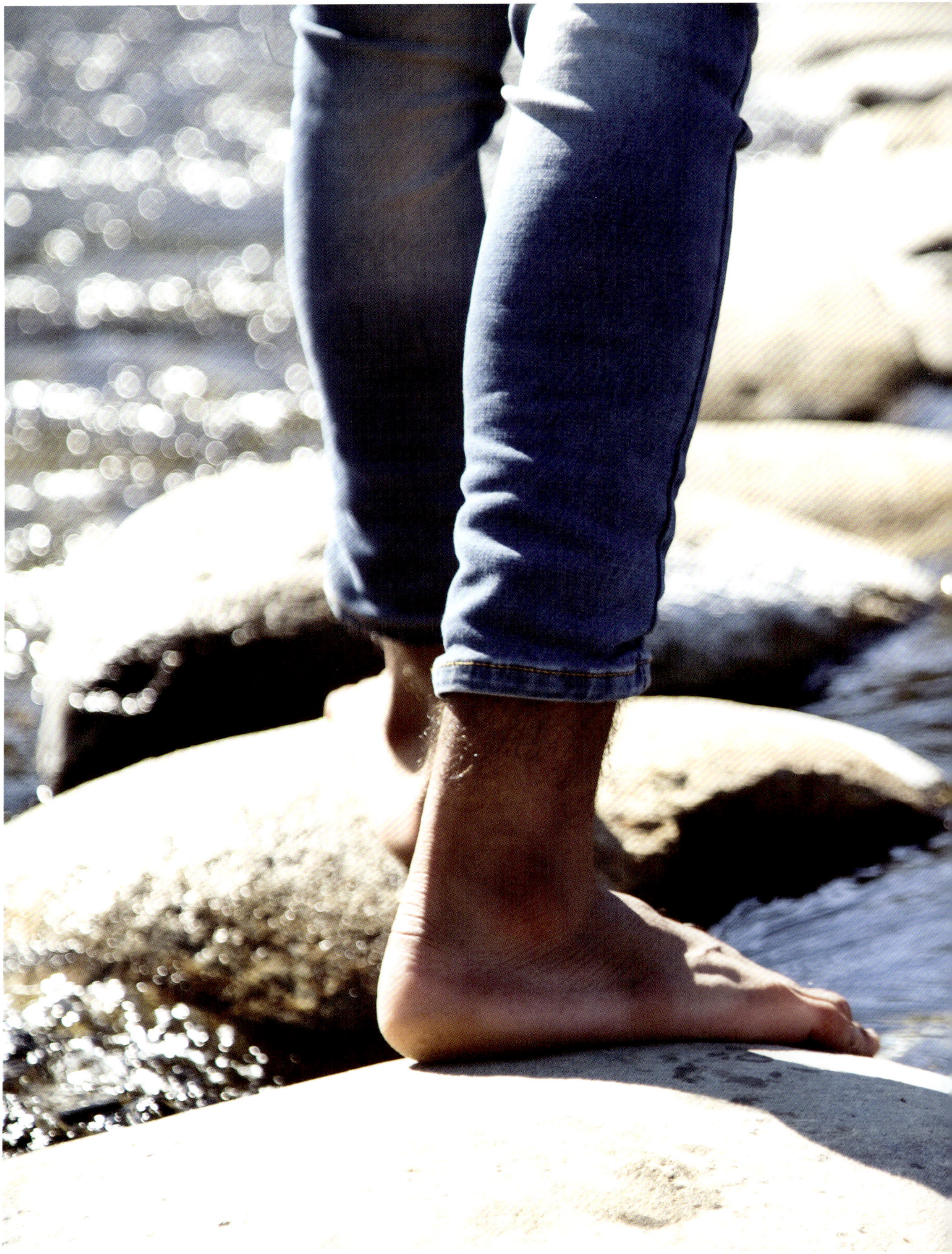

Vorwort

Sie wünschen Glück, Schutz oder Genesung, machen Mut, zaubern ein Lächeln, wecken Vertrauen, schenken Zusammenhalt, sagen Danke oder fördern Gelassenheit: Es gibt viele gute Gründe, bemalte Steine zu verschenken. Und haben Sie auch schon einmal einen als überraschendes Fundstück am Wegesrand oder als Teil einer Steinschlange gesehen? Ein Ausdruck von Freude und Optimismus für alle, die daran vorbeikommen.

In diesem Buch zeige ich Ihnen Ideen für kleine handgemalte Geschenke. Wie immer habe ich versucht, möglichst vielfältige Ideen zusammenzutragen und mir gefällt der Gedanke, dass Sie selbst auf dieser Grundlage noch viele weitere eigene Ideen entwickeln werden.

Neben einer ausführlichen Grundanleitung, hilfreichen Tipps und allgemeinen Informationen habe ich Ihnen zu jeder Idee außerdem eine Anleitung geschrieben und die nötigen Vorlagen gezeichnet.

Gehen Sie nach draußen und sammeln Sie Steine! Vielleicht auch gemeinsam mit anderen. Am Wegesrand, am Meer oder dem Ufer eines Sees, im Wald, rund ums Haus – überall sind geeignete Exemplare zu finden, die uns bezaubern mit ihren Formen und Farben. Rau oder glatt, rund oder amorph. Steine sind ein kleines Stück Natur.

Ich wünsche Ihnen eine schöne Zeit mit viel Muße beim Malen und immer wieder Glücksmomente, wenn Sie mit den kleinen Kunstwerken jemandem eine sehr persönliche Freude bereiten.

Ihre Claudia Fischer

Inhalt

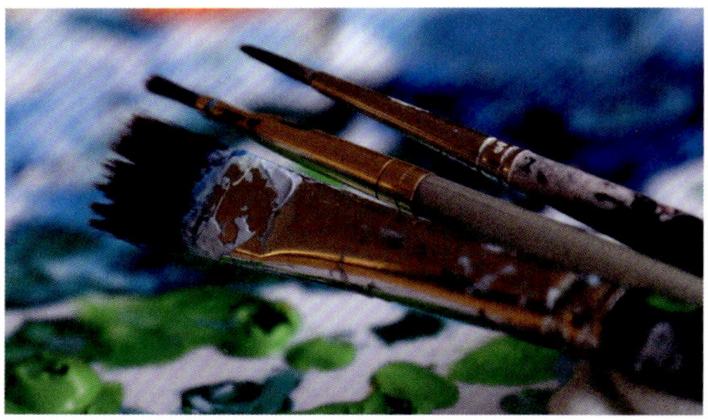

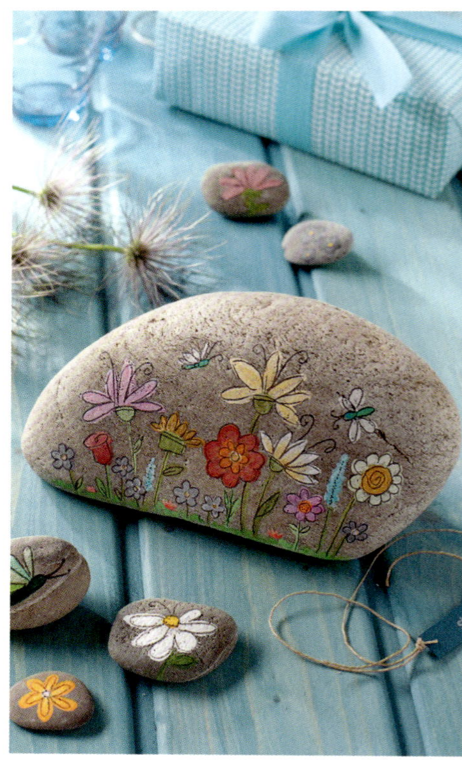

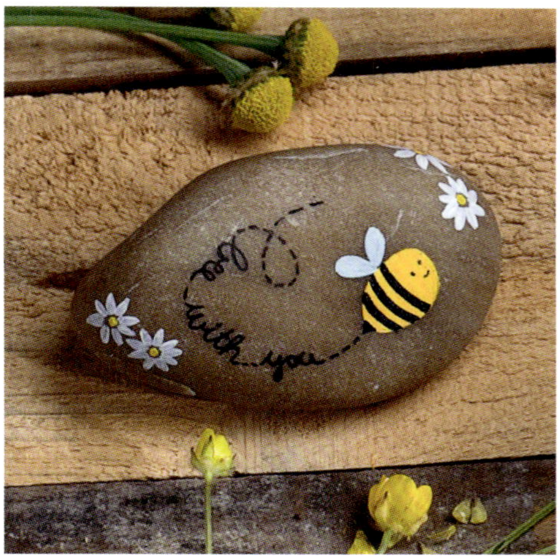
bee with you

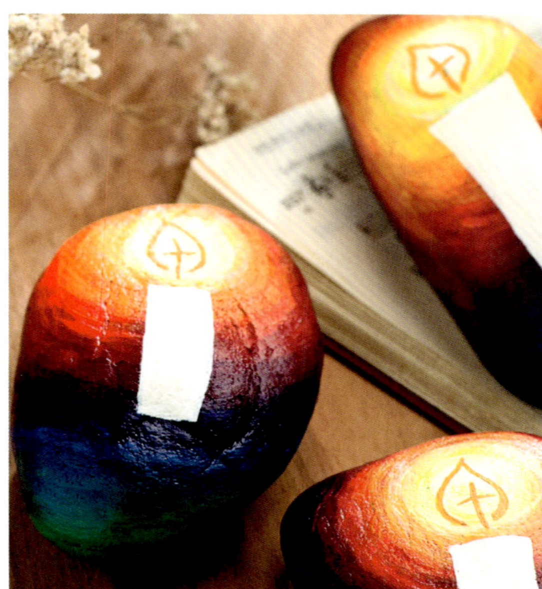

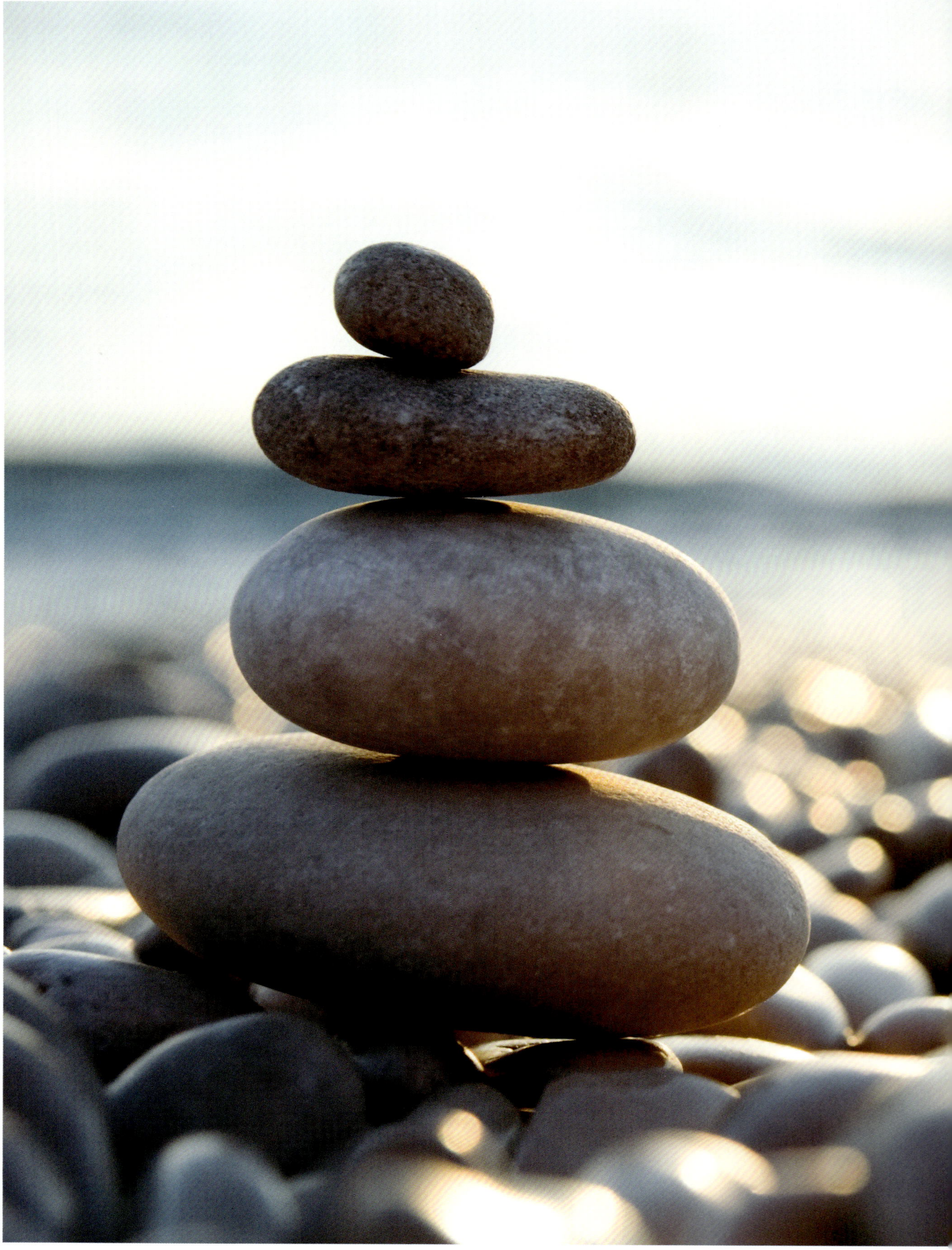

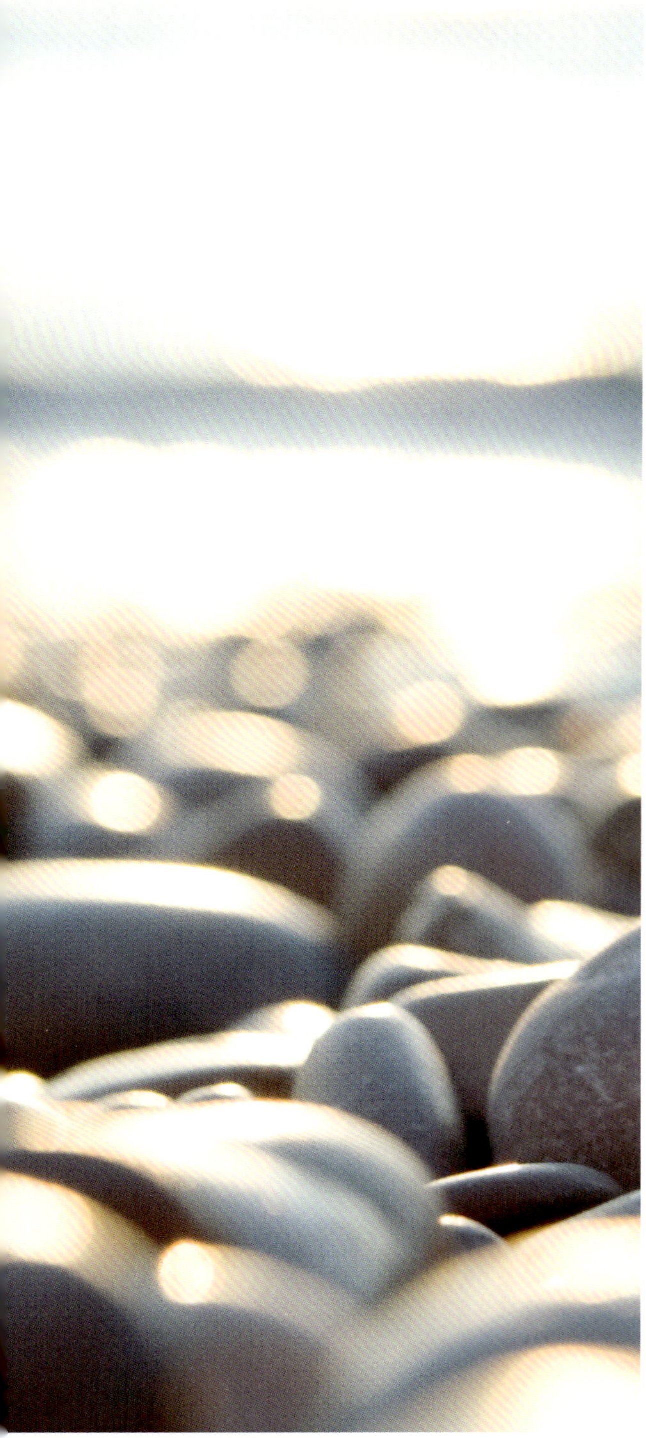

Material

KIESELSTEINE UND NATURSTEINE

Wenn ich Steine bemalen möchte, beginnt die Auszeit von den Turbulenzen des Alltags für mich schon bei der Suche nach den Steinen. Eine erstaunliche Auswahl lässt sich oft um das Haus herum oder im Garten finden. Mehr Vielfalt bietet ein Ufer am See oder das Kieswerk in der Nähe.

Seit in meiner Familie und im Freundeskreis bekannt ist, dass ich hin und wieder Steine bemale, bekomme ich auch besonders schöne Prachtstücke geschenkt, die auf Spaziergängen entdeckt wurden oder bei Bauarbeiten ans Licht kamen. Das freut mich immer sehr, denn jeder Stein ist ein Unikat mit seiner individuellen Farbe und Maserung, seiner raueren oder vom fließenden Wasser bereits glatt geschliffenen Oberfläche und ganz besonders natürlich mit seiner einzigartigen Form.

Die Steine bürste ich vor dem Bemalen erst trocken ab, um sie vom losen Schmutz zu befreien, danach wasche ich sie mit Wasser und Seife und lasse sie gut trocknen. Mehr ist meist gar nicht nötig.

Störende Unebenheiten lassen sich mit Schleifpapier glätten. Erscheint ein Stein zu rau für das geplante Projekt, grundieren Sie ihn vor dem Bemalen zweifach mit Acrylfarbe. Wichtig ist es, die erste Farbschicht vor dem nächsten Durchgang gut trocknen zu lassen.

ACRYLFARBEN

Als ich begann, Steine zu bemalen, war ich erstaunt, wie viele unterschiedliche Arten von Farben sich dafür eignen. Ich habe einige Tests gemacht und dabei festgestellt, dass sogar die herkömmlichen Schulmalfarben auf hellen Steinen toll aussehen. Man kann fast alle Farben und Farbstifte verwenden. Folgende Fragen können Ihnen bei der Farbenauswahl weiterhelfen:

- Malen Sie gerne mit flüssigen Farben und Pinsel oder bevorzugen Sie Stifte?
- Soll der bemalte Stein wetterfest sein, genügt wasserfest oder spielt das gar keine Rolle?
- Haben Sie noch Farben zuhause, die Sie verwenden können?

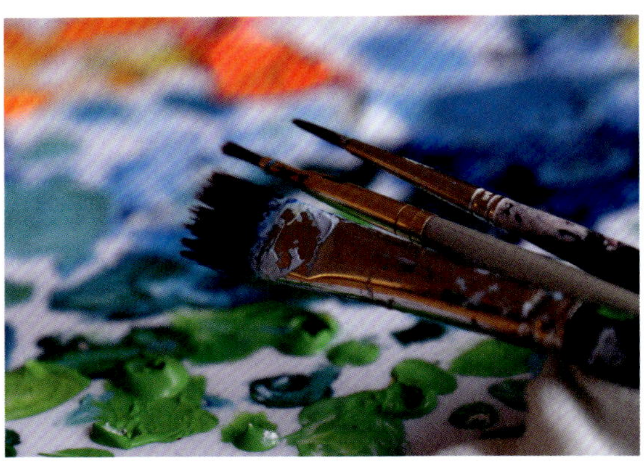

Ich weiß, dass viele vor dem Malen mit Pinseln zurückschrecken und lieber zu Stiften greifen. Dagegen ist nichts einzuwenden, doch ich rate Ihnen, dem Pinsel eine Chance zu geben, denn diese Variante hat Vorteile, die das Malen auf Steinen teilweise erleichtert: Die flüssige Farbe und der flexible Pinsel kommen mit rauen Oberflächen besser zurecht als eine harte Stiftspitze. Kanten werden sogar klarer und der Farbauftrag auf der Fläche wird gleichmäßiger. Und der größte Vorteil: Flüssige Farben können Sie mischen.

Sollten Sie eine Farbe verwenden, die nicht wasser- oder wetterfest ist, ihr Stein das aber nachher sein soll, lackieren Sie ihn nach der Fertigstellung. Inzwischen gibt es auch ökologische Lacke auf Wasserbasis von ultramatt bis hochglänzend zum Sprühen oder zum Streichen. Für Farben, die wieder anlösbar sind, wie beispielsweise Wasserfarben, eignet sich Sprühlack.

Tipp

Steine, die Sie ganz besonders vor Witterungseinflüssen schützen möchten, können Sie mehrfach lackieren, wobei Sie die einzelnen Schichten zwischendurch vollständig trocknen lassen sollten.

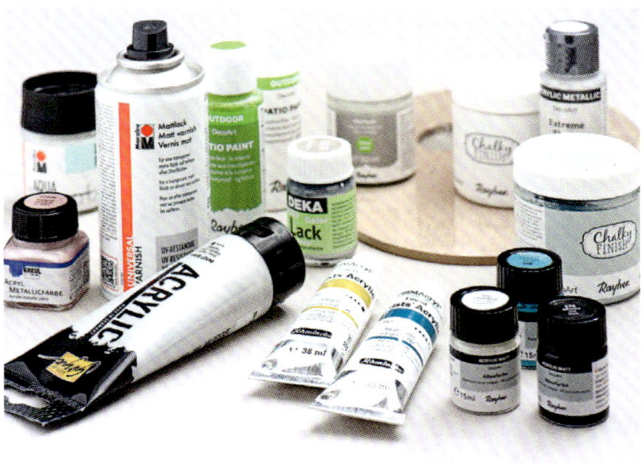

MEHR ZU ACRYLFARBEN

Die fast geruchlosen Acrylfarben auf Wasserbasis lassen sich einfach und problemlos handhaben. Acrylfarben sind im Fachhandel in verschiedenen Qualitätsstufen und Preisklassen erhältlich. Diese Unterschiede wirken sich in erster Linie aus auf Brillanz, Deckkraft, Ergiebigkeit, Standfestigkeit, Verarbeitungseigenschaften, Trocknungszeiten, Oberflächenbeschaffenheit und (langjährige) Lichtechtheit.

Die Trocknungszeit liegt je nach Sorte und Farbauftrag zwischen wenigen Minuten und einer Stunde.

Acrylfarben sind tendenziell deckende Farben, wobei die Deckkraft je nach Farbton unterschiedlich stark ist. Fast alle Farbhersteller geben auf den Tuben und Farbkarten an, ob es sich um einen opaken (deckenden) oder transparenten Farbton handelt.

Zur Verdünnung beim Malen eignen sich Wasser oder spezielle Acrylhilfsmittel, wobei Acrylfarben natürlich auch unverdünnt verwendet werden können. Keinesfalls erforderlich sind lösungsmittelhaltige Verdünnungen. Das Malen mit Acrylfarben ist also gesundheitlich völlig unbedenklich, nahezu geruchsneutral und ohne Einschränkungen auch in geschlossenen Räumen möglich.

PALETTE

Im Fachhandel finden Sie eine breite Auswahl an Paletten aus unterschiedlichen Materialien. Wenn Sie keine Palette zum Farbenmischen zur Hand haben, können Sie einfach einen Teller oder eine Fliese verwenden, die Sie mit Frischhaltefolie überziehen, um sich das mühsame Säubern zu sparen.

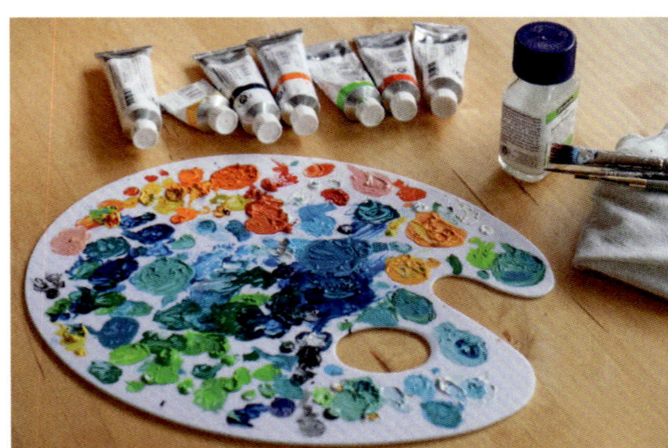

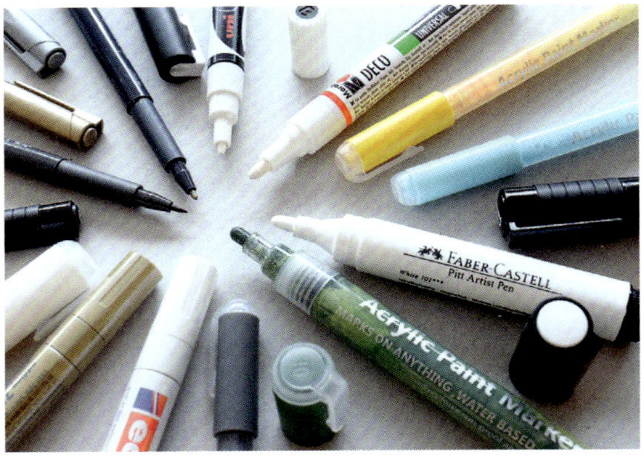

ACRYLSTIFTE

Bei den Acrylstiften ist das Angebot ebenfalls sehr groß. Hinsichtlich der Qualität konnte ich zwischen preiswerteren und teureren Produkten keine Unterschiede feststellen. Sie können selbstverständlich Acrylstifte und flüssige Acrylfarben miteinander kombinieren. Neben den Acrylfarben oder -stiften verwende ich für Details und Skizzen sehr gerne wasserfeste Tuschestifte. Besonders schätze ich die Ausführung mit Pinselspitze (z. B. Pitt Artist Pen Brush).

Tipp

Ist der Pinsel gründlich sauber, ziehe ich ihn nochmal über mein Seifenstück. Ich verwende eine rückfettende Arztseife. Mit Hilfe der Seife kann ich die Pinselspitze in Form bringen und die getrocknete Seife schützt sie bis zum nächsten Einsatz.

PINSEL

Grundsätzlich eignen sich alle Pinsel für die Acrylmalerei. Je gleichmäßiger der Farbauftrag werden soll, desto weicher muss das Pinselhaar sein. Für einen dickeren, pastosen Farbauftrag, sichtbare Pinselstriche und zum Aufbürsten (Granulieren) von Farbschattierungen sollte man Pinsel mit festerem Haar oder Borsten wählen.

Auf rauen Steinen leidet das Pinselhaar und nutzt sich mit der Zeit habt. Dabei spielt es keine Rolle, ob es sich um Synthetikhaar oder Naturhaar handelt. Zum Bemalen der Steine verwende ich deshalb nur Pinsel in Studien- oder Schulqualität. Weil es mir natürlich trotzdem wichtig ist, dass die Pinsel kein Haar verlieren und sorgfältig verarbeitet sind, wähle ich die preiswerten Sorten Pinsel von traditionellen Pinselmachern. Zerzauste Pinselspitzen und verlorene Pinselhaare im Motiv sind vermeidbare Spaßbremsen beim Malen. Lassen Sie deshalb nach dem Auswaschen Pinsel auch niemals im Wasser stehen!

Zum Reinigen der Pinsel nach dem Malen genügt reichlich Wasser und eine schonende Handseife. Unter Umständen kann es passieren, dass während des Malens Farbe – insbesondere in der Nähe der Pinselzwinge – antrocknet. Da die Farbe nach dem Trocknen wasserunlöslich ist, kann der Pinsel dann nur noch mit Pinselreiniger gereinigt werden.

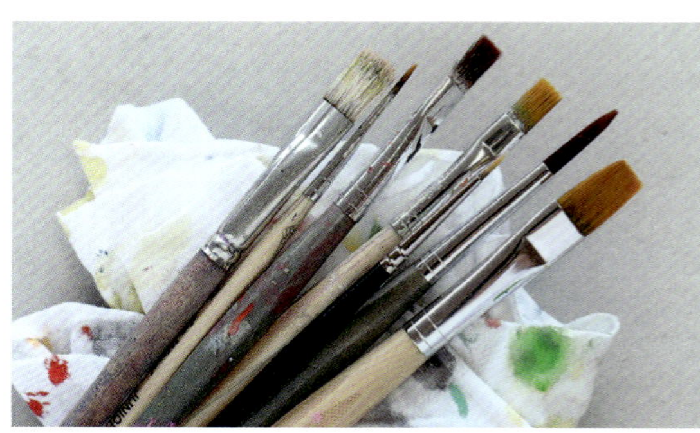

Startausrüstung

Zu folgender Startausrüstung rate ich Ihnen, wenn Sie noch keine Farben und Pinsel in der Schublade haben und mit dem Bemalen von Steinen beginnen möchten:

- preiswerte Acrylfarben in einem Set mit möglichst vielen Farbtönen
- Tuschestifte mit Pinselpitze in Weiß, Lichtgrau, Dunkelgrau, Schwarz, Silber und Gold
- einige flache und runde Haarpinsel, ein sehr feiner, runder Pinsel der Größe 0 sollte unbedingt dabei sein
- Kohlepapier
- Bleistift 2B

Vorlagen

MOTIV ÜBERTRAGEN

Die Vorlagen zu den Motiven können Sie mit Kohlepapier oder Pauspapier (es gibt auch weißes oder farbiges Pauspapier statt des üblich schwarzen) auf Ihren Stein übertragen. Im Handel sind verschiedene Sorten erhältlich. Manche lassen sich sogar radieren.

Je nachdem, wie groß der Stein ist, den Sie ausgesucht haben, müssen Sie die Vorlagen vergrößern oder verkleinern. Das geht ganz klassisch beim Kopieren oder Drucken.

Wenn Sie ein Tablet oder einen Laptop zur Verfügung haben, können Sie sich die Vorlage auf den Bildschirm holen, es neben den Stein legen und die Vorlage auf die passende Größe zoomen. Legen Sie jetzt ein weißes Blatt Papier über den Bildschirm und zeichnen Sie die Vorlage mit einem weichen Bleistift nach. Der Bildschirm dient als Leuchtkasten und macht das Übertragen von Vorlagen leichter denn je. Sie können das Blatt Papier bei Bedarf mit Masking Tape auf Ihrem Tablet fixieren.

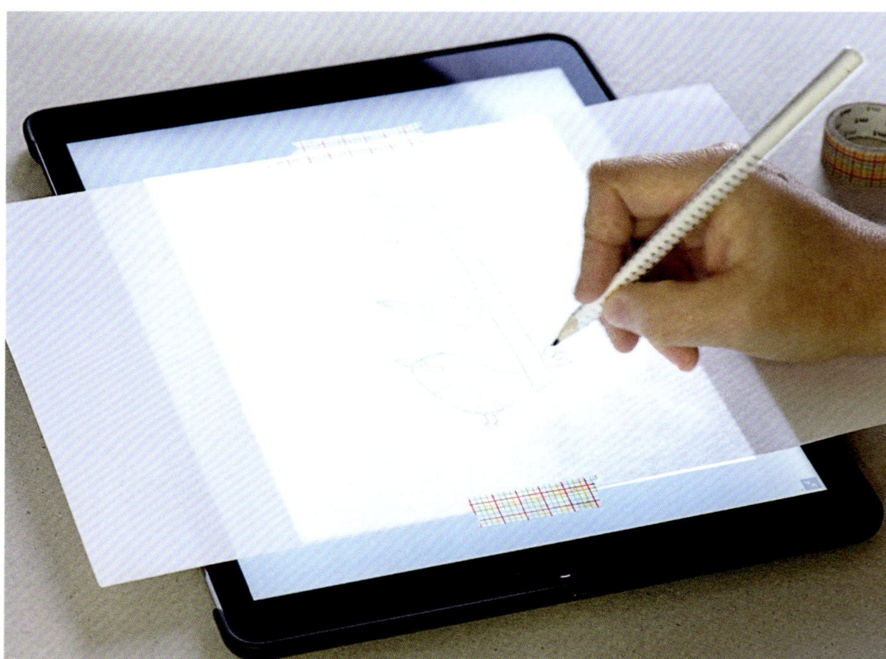

MOTIV FREI ÜBERTRAGEN

Versuchen Sie auch einmal, die Vorlage mit dem Bleistift direkt auf ihren Stein zu übertragen. Arbeiten Sie nur mit leichtem Druck und lockerer Hand, um sich heranzutasten. Überflüssige Bleistiftlinien lassen sich ganz leicht wegradieren. Gerade beim Zeichnen auf Steinen kann gar nichts schiefgehen, weil man auf keinen Fall Radierspuren oder entfernte Linien sehen wird. Wer selbst zeichnet, kann wunderbar auf die besondere Form des Steins eingehen, Veränderungen oder Ergänzungen vornehmen oder sogar ganz eigene Ideen einfließen lassen.

Wie unzufrieden auch immer Sie mit Ihrer Handschrift sind: wenn Sie sich an Hilfslinien orientieren (oder Masking Tape aufkleben) und nur in Großbuchstaben schreiben, werden Sie hingerissen sein, wie gut Ihre Schriftzüge auf den Steinen aussehen. Das Geheimnis sind die Großbuchstaben. Wenn Sie etwas sicherer sind, können Sie die Großbuchstaben variieren: Setzen Sie die kurzen Querstriche höher oder tiefer als gewohnt, ergänzen Sie Serifen oder halten Sie die Buchstaben bewusst eng und hoch oder breit und breit laufend. Im Übrigen denke ich, dass man gerade bei bemalten Steinen sehen darf, dass es Ihre Handschrift ist und kein perfektes Druckwerk. Schließlich sind die Seelensteine etwas ganz Persönliches. Mit viel Herz gemacht für liebe Menschen.

SPRÜCHE UND WORTE EINFÜGEN

Ich habe alle Schriftzüge vorskizziert, um sicherzustellen, dass die Proportionen gut passen. Dafür habe ich aber auf bereits grundierten Flächen nicht den Bleistift verwendet. Die Bleistiftlinien waren mir auf den bemalten Flächen meist zu krakelig oder zu wenig sichtbar und das Grafit hinterlässt schnell Flecken.

Stattdessen habe ich dafür Tuschestifte mit Pinselspitze als perfektes Hilfsmittel entdeckt: Ich wähle jeweils einen Farbton, der nah an dem der Grundfläche ist. Es genügt ja, wenn der Kontrast so groß ist, dass ich meine Hilfslinien eben noch sehen kann. Beispielsweise eine feine weiße Linie auf einem lichtgrauen Untergrund. Passt die Skizze nicht, sind die sowieso nur schwach zu sehenden Linien problemlos mit der Grundfarbe zu überpinseln.

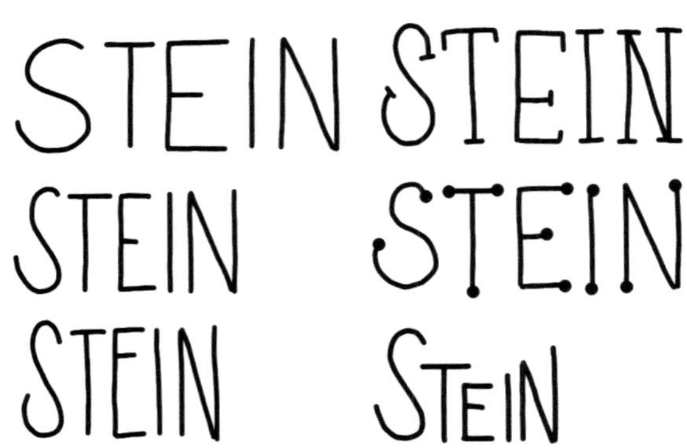

Aus der Praxis

WISSENSWERTES

Bevor Sie jetzt beginnen, noch ein paar grundlegende Tipps aus meiner Praxis:

- Gemalt wird immer vom Hintergrund zum Vordergrund. Je weiter „hinten" die Fläche ist, umso mehr dürfen die Konturen leicht übermalt werden.
- Verwenden Sie einen Zahnstocher oder Pinselstiel, um kleine Punkte aufzutupfen. Sehr gut funktioniert das auch mit einer Pinnadel, die Sie auf die Radiergummispitze eines Bleistifts stecken. Sollen die Punkte größer und gleichmäßiger sein, stecken Sie statt der Pinnadel einen Reißnagel auf. Geeignet sind außerdem Nägelköpfe und vieles mehr, das Sie zuhause haben.
- Wenn es Ihnen schwer fällt, feine Details mit dem Pinsel zu malen, verwenden Sie einfach Acryl- oder Tuschestifte dafür. Sie sind in vielen Farben und unterschiedlichen Stärken erhältlich.
- Den Trockungsprozess der Acrylfarben kann man mit einem Föhn auf niedriger Temperaturstufe beschleunigen.

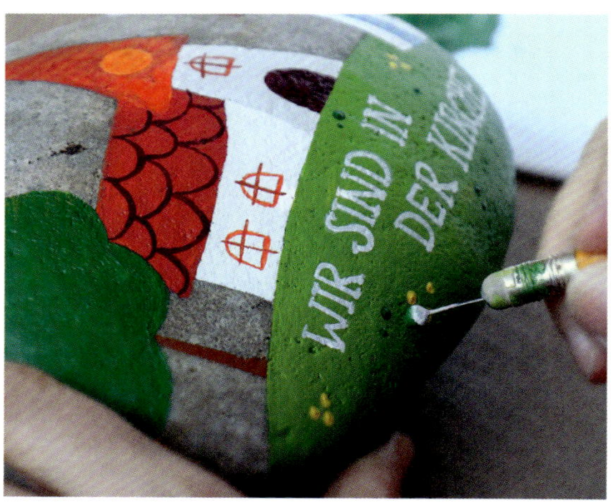

Korrekturen

Bei Acrylfarben kann man fast alles noch verändern, verbessern und korrigieren. Acrylfarben sind wasserlöslich, so lange sie noch feucht sind. Sind sie einmal getrocknet, sind sie wasserfest. Das bedeutet, dass man sie auch problemlos übermalen kann. Ganz oder nur zum Teil, deckend oder nur lasierend. Korrigieren Sie, bis Sie zufrieden sind.

Wenn es mal wirklich ganz schief gegangen ist: Waschen Sie die Farbe unter fließendem Wasser ab, die noch nicht durchgetrocknet ist und helfen Sie gegebenenfalls mit Topfkratzer oder Handbürste nach. Hilft das nichts mehr: Grundieren Sie den Stein einfach neu und fangen Sie nochmals von vorne an.

Manchmal entstehen beim Malen an den Rändern unerwünschte wulstartige Farbansammlungen durch die Pinselbewegungen. Diese kann man einfach mit dem Finger vom Rand nach innen verwischen.

Trotz allem gibt es natürlich Konturen, die klar sein sollen. Um exaktere Linie zu erhalten, verdünnen Sie die Farbe stärker, damit sie flüssiger wird und verwenden Sie unbedingt einen Pinsel mit nicht zu kurzem Haar.

Auch für feine Details und kleine Flächen gilt: Verdünnen Sie die Farbe oder verwenden Sie ein Malmedium, damit die Farbe leicht vom Pinsel fließen kann.

Bürsten oder Brushen

Eine traditionelle Acrylmaltechnik, die Flächen mehr Tiefenwirkung und Lebhaftigkeit verleiht. Zunächst wird die Fläche in einer mittleren Farbe grundiert. Mit einem flachen Borstenpinsel werden dann die helleren, dunkleren und ergänzenden Farbnuancen aufgetragen. Dazu wenig Farbe auf den Pinsel nehmen, sie eventuell sogar noch auf einem Stück Pappe etwas abstreifen und dann mit dem fast trockenen Pinsel über die Fläche „bürsten". Mehrere Arbeitsgänge mit verschiedenen Nuancen ergeben sehr natürlich, lebendige Oberflächen.

Mischen

Um sehr helle Farbnuancen zu mischen, beginnen Sie immer mit Weiß und geben Sie nach und nach wenig Farbe zu, bis die gewünschte Nuance erreicht ist.

Größere Mengen Farbe auf der Palette kann man mit einem Holzspieß oder Ähnlichem mischen. Verwendet man dazu den Pinsel, sammelt sich unweigerlich Farbe in und an der Zwinge, die man später nur schwer vollständig auswaschen kann. Mit der Zeit spreizen sich durch die getrockneten Farbreste die Haare immer weiter und der Pinsel hat keine geschlossene Spitze mehr.

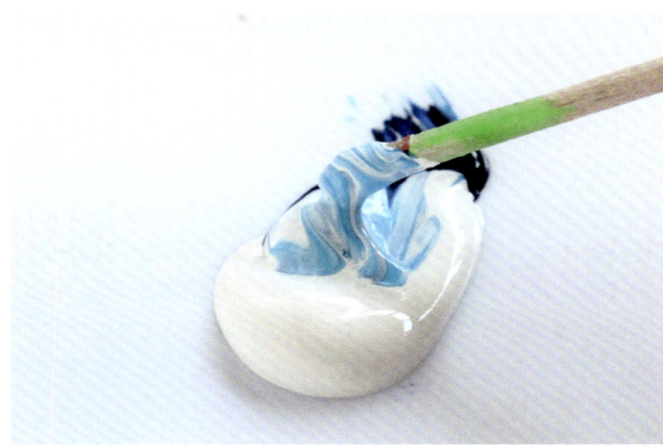

Du schaffst das!

Steine, die Mut machen

MATERIAL

Getrocknete Eukalyptuszweige, Schleierkraut oder andere Naturschönheiten • passende Bänder, Schnüre und Papiere • Acrylfarben und Pinsel • Tuschestift mit Pinselspitze in Dunkelgrau • Blattmetall in Gold • Anlegemilch weicher Pinsel für die Anlegemilch zweiter weicher, flacher Pinsel für das Blattmetall

ANLEITUNG

Grundieren Sie bei Bedarf den Stein mit Acrylfarbe und lassen Sie ihn gut trocknen.

Anschließend tragen Sie die Anlegemilch auf. Für perfekte Streifen und Kanten klebe ich die Flächen mit Masking Tape ab. (Das Tape entferne ich erst, wenn ich das Blattmetall aufgelegt habe.) Die siegelwachsähnlichen Kleckse werden frei Hand aufgetragen. Die Anlegemilch muss mindestens eine halbe Stunde trocknen. Helfen Sie dabei nicht mit dem Föhn nach. Dann das Blattmetall wie vom Hersteller beschrieben aufbringen und dafür den zweiten, absolut trockenen Pinsel verwenden.

Sie können problemlos auch mehr Zeit verstreichen lassen zwischen Auftragen der Anlegemilch und Auflegen des Blattmetalls. Meine Steine habe ich erst am nächsten Morgen weiter bearbeitet.

Zum Schluss bekommt jeder Stein seine ganz individuelle Dekoration: Einen Schriftzug, ein locker gezeichnetes Motiv, einen Anhänger oder ein Briefchen, das nur für den Empfänger bestimmt ist.

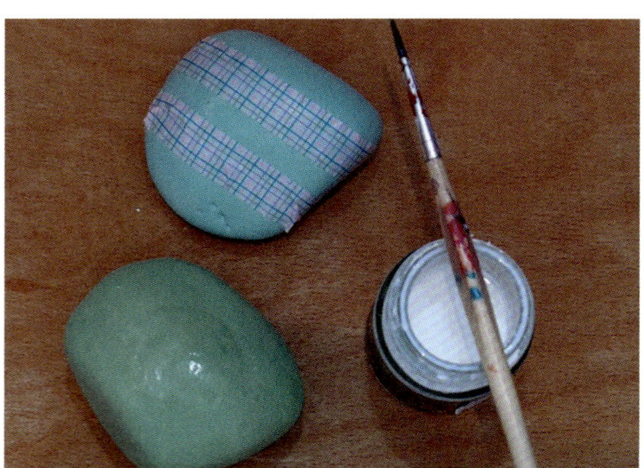

Tipp

Um kreidig-natürliche Farbtöne aus vorhandenen klaren Farben zu erhalten, mischen Sie ein vorhandenes Grün und Türkis mit Weiß und einem kühlen Dunkelbraun. Schöne Taupetöne entstehen aus Weiß, Dunkelbraun und Grau bzw. einem Hauch Schwarz.

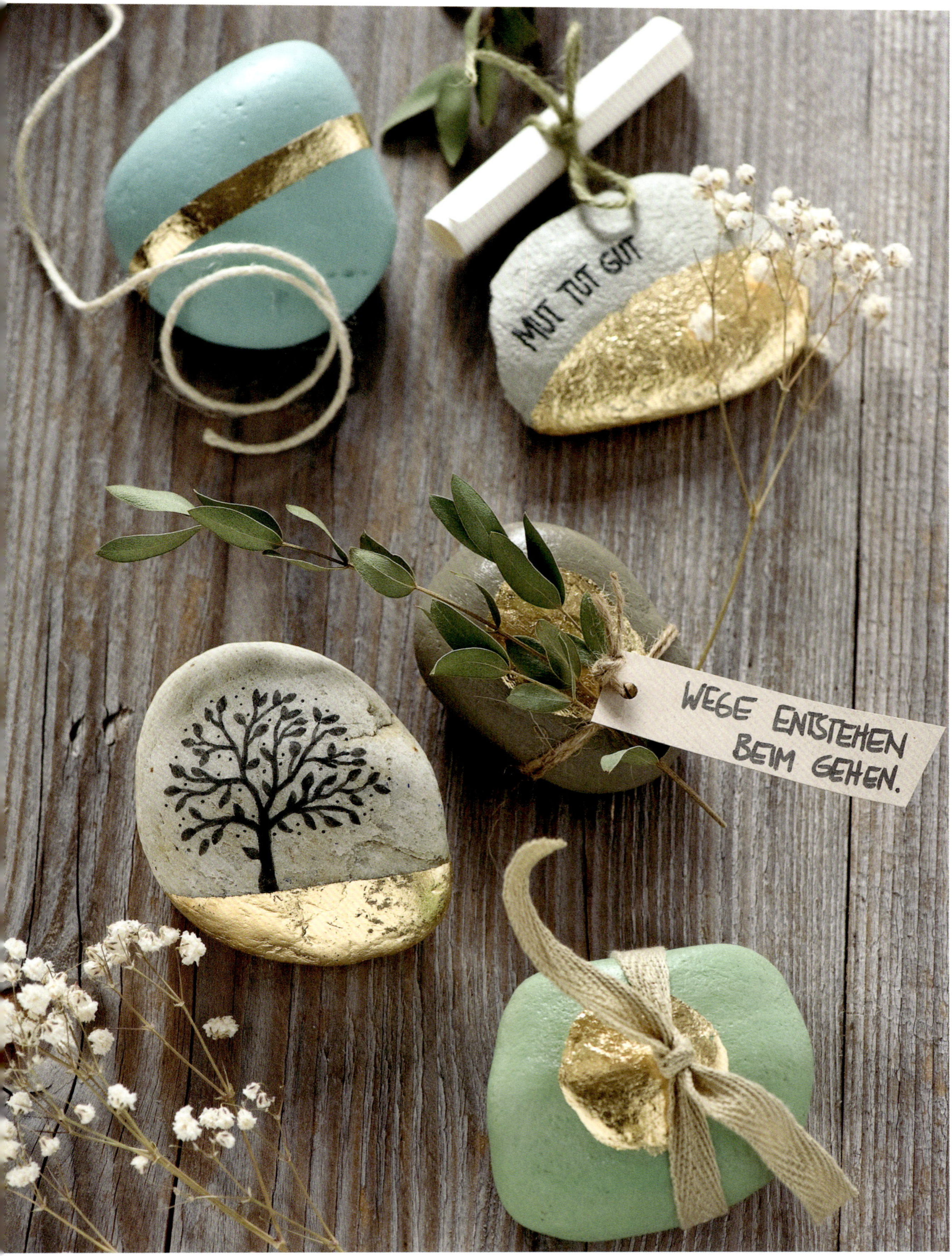
MUT TUT GUT
WEGE ENTSTEHEN
BEIM GEHEN.

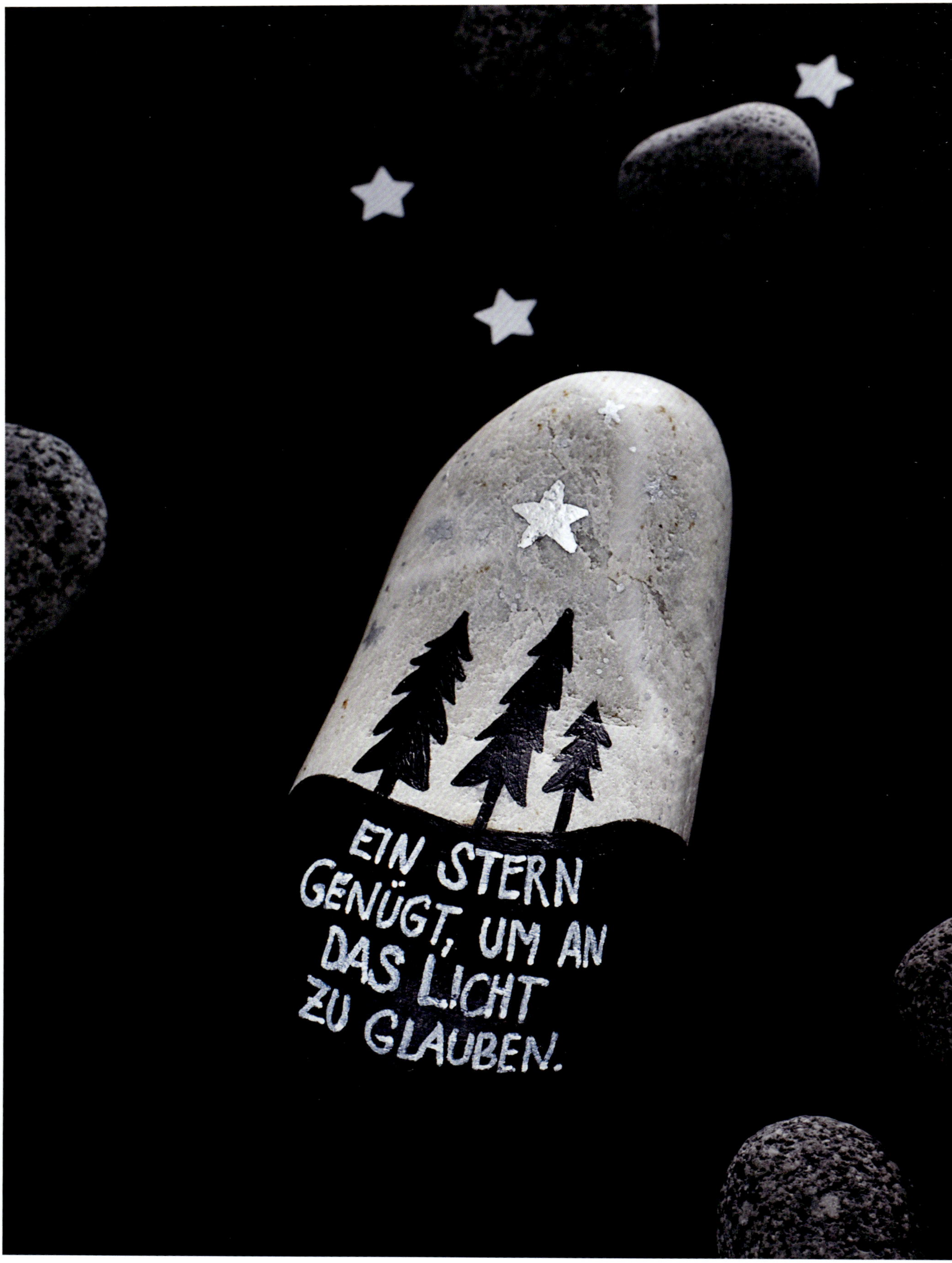
EIN STERN
GENÜGT, UM AN
DAS LICHT
ZU GLAUBEN.

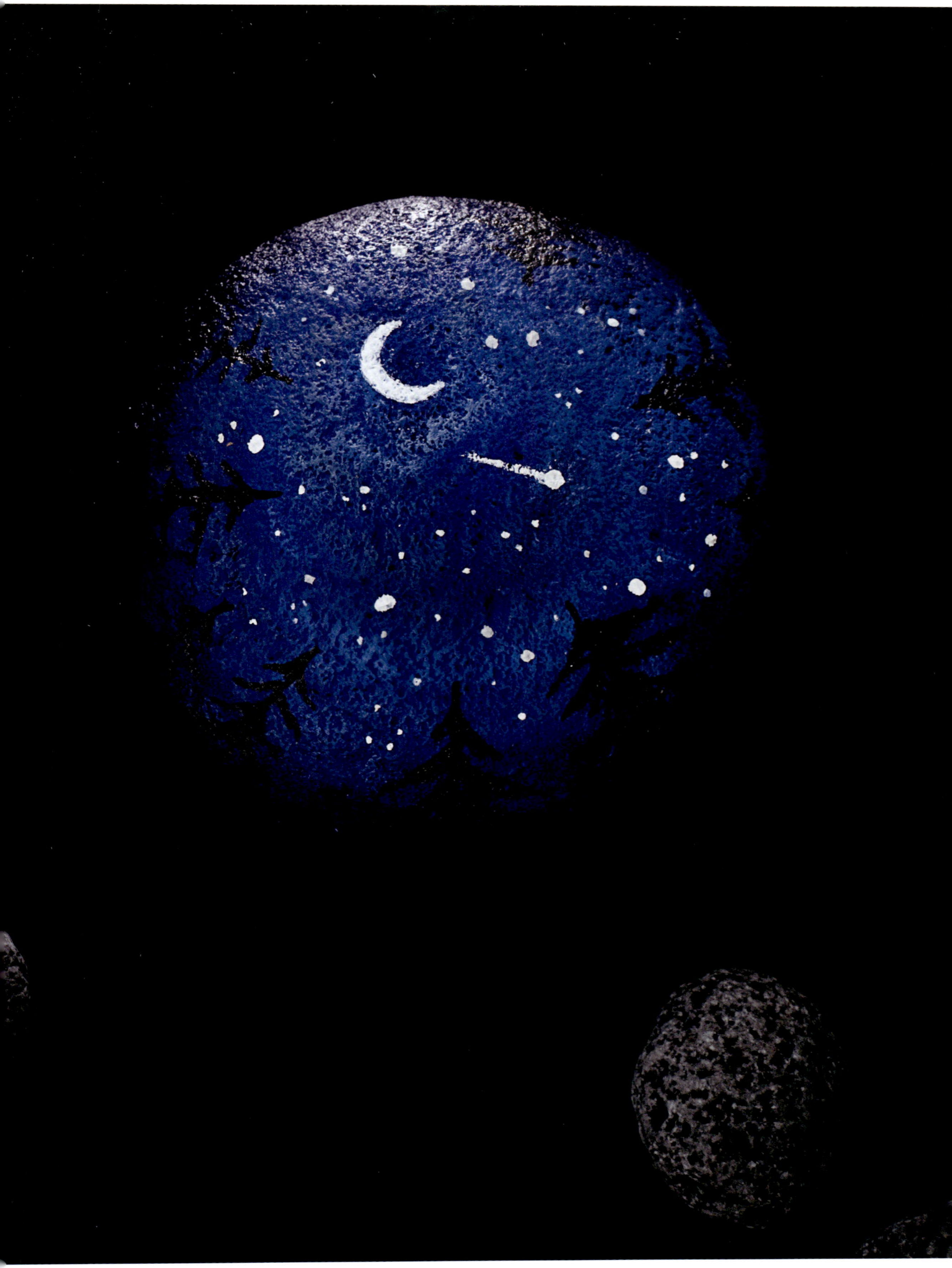

Lichtblicke am Nachthimmel

Steine, die Hoffnung machen

MATERIAL STERN

Acrylfarbe in Schwarz und Pinsel • Tuschestift in Weiß, Schwarz und Silber

ANLEITUNG STERN

Wählen Sie einen Stein in hellem Grau aus, der Ihnen besonders gut gefällt. Betrachten Sie seine Form und legen Sie fest, wo genau die Horizontlinie auf diesem Stein verlaufen soll. Diese Linie mit dem Bleistift ziehen und die untere Fläche des Steins dunkel grundieren.

Nach dem Trocknen malen Sie entweder mit dem Tuschestift oder auch mit der Acrylfarbe und einem feinen runden Haarpinsel Schritt für Schritt die Bäume. Da sie scheinbar im Gegenlicht stehen, wirken die Schattenrisse besonders stimmungsvoll.

Malen Sie einen überproportional großen Stern über die Bäume und ergänzen Sie einige kleine Sterne und Punkte.

Zum Schluss ergänzen Sie den Text.

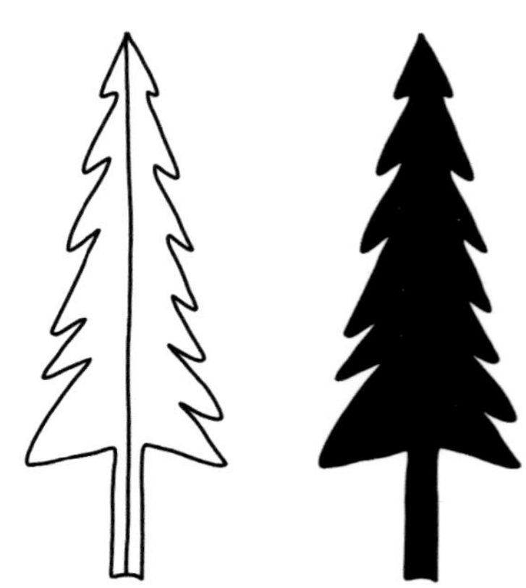

MATERIAL STERNSCHNUPPE

Acrylfarben in Blau, Weiß und Schwarz und Pinsel • Tuschestift mit Pinselspitze in Schwarz

ANLEITUNG STERN-SCHNUPPE

Für dieses Motiv habe ich ganz bewusst einen Stein mit einer etwas raueren Oberfläche ausgesucht, die den Nachthimmel besonders lebendig aussehen lässt. Der Stein wird zunächst grundiert in einem satten Blau. Im unteren Bereich habe ich einen dunkleren Blauton, gemischt aus der Grundfarbe mit etwas Schwarz, aufgebürstet (siehe Seite 15, Brushen). Schließlich habe ich das Blau mit Weiß aufgehellt und zur Mitte hin diese helleren Blaunuancen mit kreisförmigen Pinselstrichen aufgebürstet.

Nach dem Trocknen werden die Silhouetten der Bäume mit dem Tuschestift so gezeichnet, dass die Mitte des Steins frei bleibt. Mit weißer und lichtgrauer Acrylfarbe die Sterne tupfen. Außer einem feinen Pinsel habe ich dafür auch einen Zahnstocher verwendet.

Schließlich den Mond malen und einen dickeren Tropfen weißer Farbe für die Sternschnuppe aufsetzen. Verwischen Sie als letzten Schritt diesen Farbpunkt mit dem Finger.

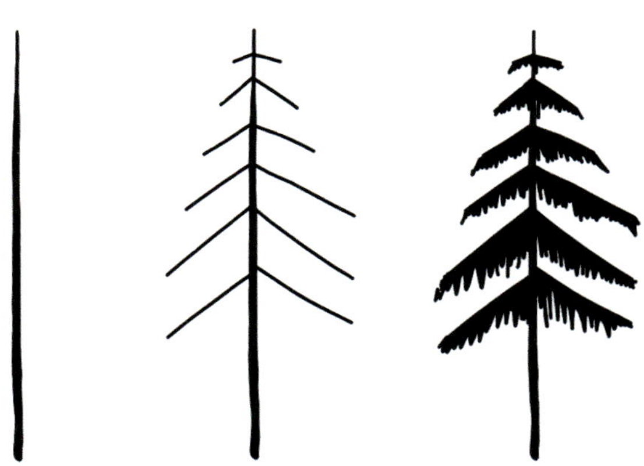

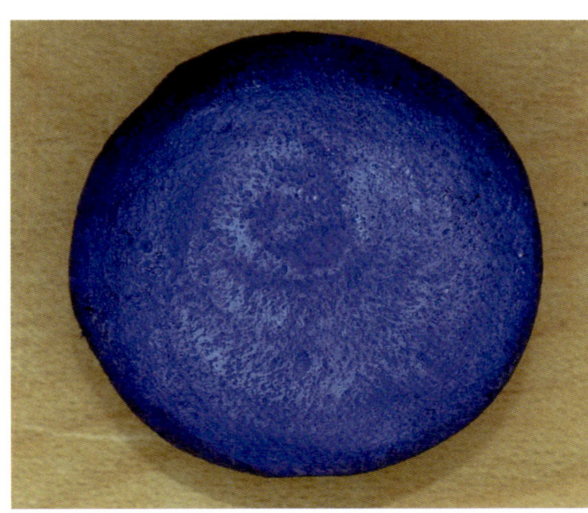

Zusammen schaffen wir das!

Steine für echte Freunde

MATERIAL

Acrylfarben und Pinsel • Tuschestifte in Dunkelgrau oder Schwarz und Weiß • Außerdem für den Stein mit den Mäuschen: Tonkarton • Kordel

ANLEITUNG

Für die beiden Modelle habe ich Steine mit etwas gröberer Oberfläche gewählt. Sie zeigen Charakter und die Struktur stört nicht, da ich sie in jedem Fall grundieren wollte.

Auf die getrocknete Grundfläche die Konturen der Motive übertragen oder vorzeichnen und sie mit der Acrylfarbe ausmalen.

Feine Linien und Muster und den Schriftzug am Ende mit dem Tuschestift zeichnen.

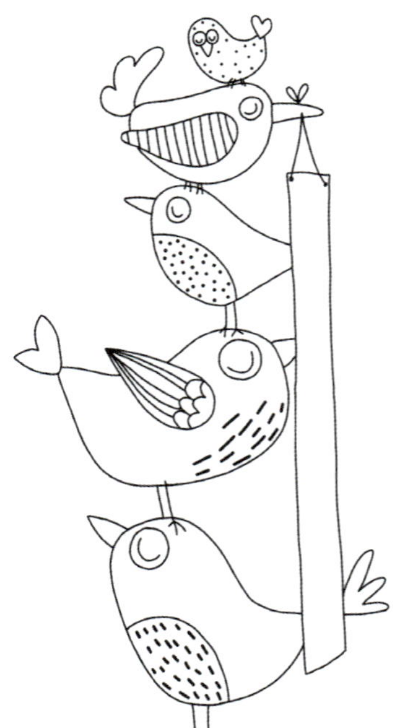

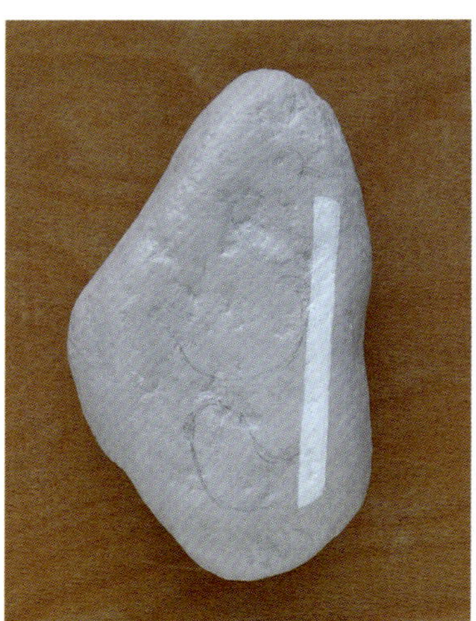

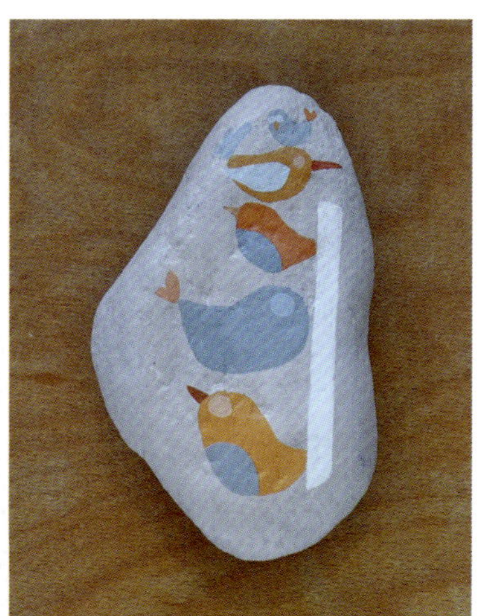

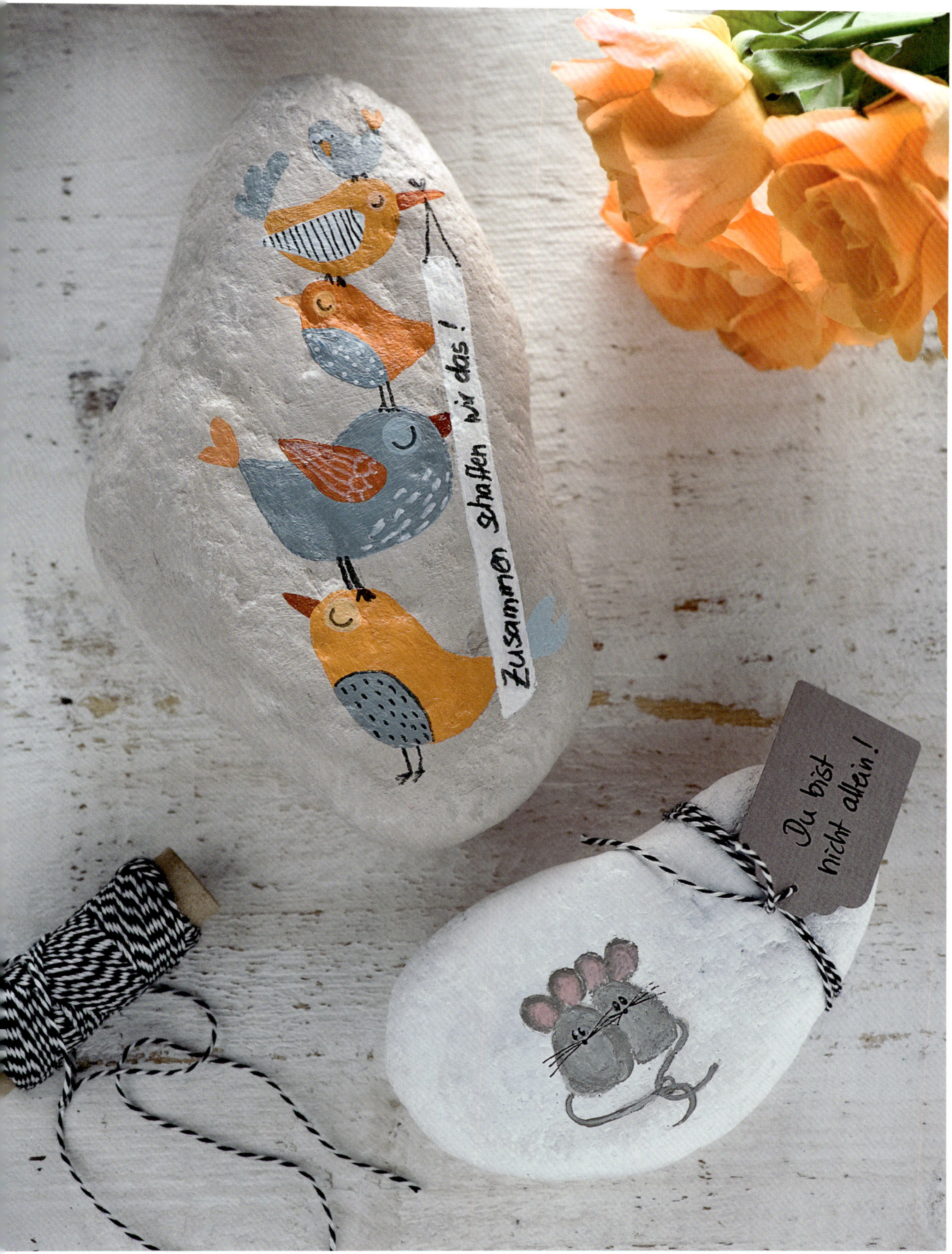
Zusammen schaffen wir das!
Du bist nicht allein!

Bunte Blumen

sind das Lächeln der Erde

MATERIAL

Acrylfarben und Pinsel • Tuschestift mit Pinselspitze in Dunkelgrau

ANLEITUNG

Für diesen Stein habe ich die Blumenmotive frei kombiniert. Sie können deshalb Steine mit unterschiedlichen Formen verwenden. Sie sollten nur nicht zu klein sein, damit Sie die einzelnen Elemente mit dem Pinsel locker aus dem Handgelenk malen können. Das macht den Reiz des Motivs aus.

Zunächst die Blütenblätter, Blütenkelche und Insekten malen. Sind diese auf der Fläche angeordnet, die Stängel und Blätter ergänzen.

Dann die Wiese am unteren Rand ebenfalls mit leichter Hand malen. Verwenden Sie für einzelne Flächen auch Farbschattierungen und mischen Sie dazu beispielsweise einen Farbton mit Weiß.

Sind alle Acrylfarben durchgetrocknet, fügen Sie mit dem Tuschestift wie abgebildet die Linien als Akzente und Konturen hinzu.

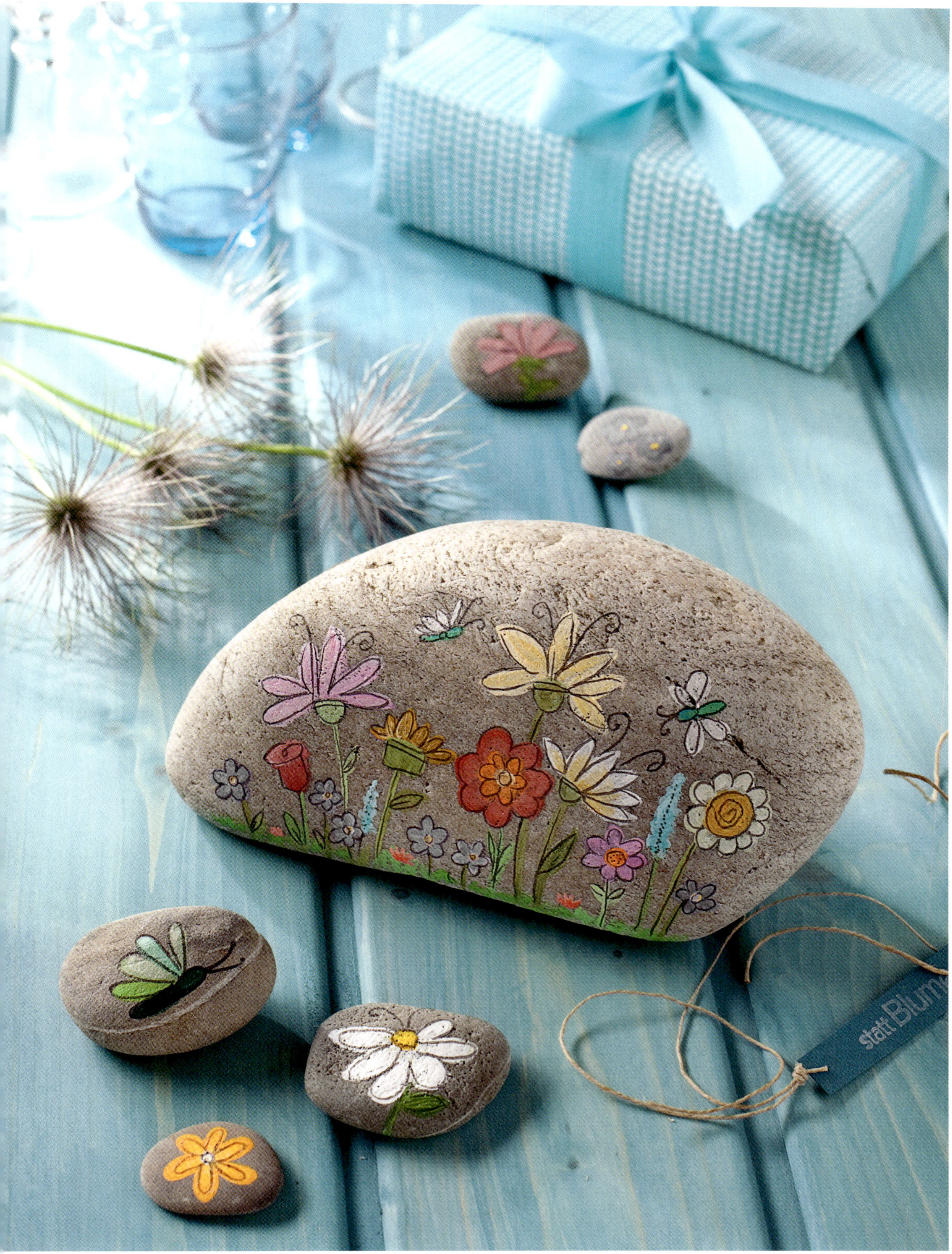

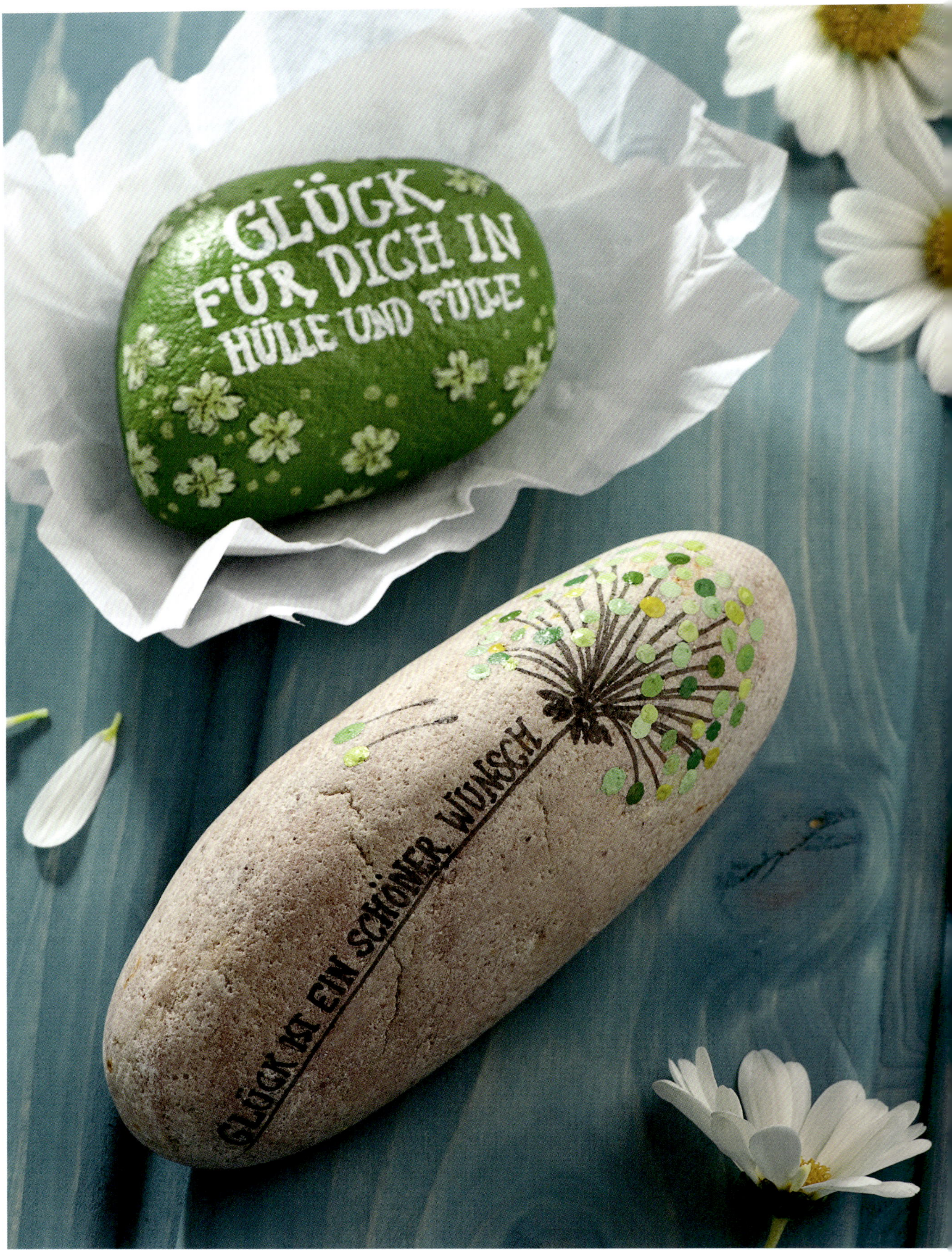
GLÜCK
FÜR DICH IN
HÜLLE UND FÜLLE
GLÜCK IST EIN SCHÖNER WUNSCH

In Hülle und Fülle

Glückssteine für gute Wünsche

MATERIAL

Acrylfarben und Pinsel • Tuschestift mit Pinselspitze in Dunkelgrau • Acrylstift in Weiß für den grünen Stein

ANLEITUNG GLÜCKSKLEE

Suchen Sie sich einen Stein mit recht glatter Oberfläche aus und grundieren Sie ihn.

Sobald der Untergrund trocken ist, schreiben Sie den Text mit dem Acrylstift auf den Stein. Falls der Schriftzug nicht auf Anhieb sitzt, können Sie den Stein noch einmal neu grundieren.

Anschließend malen Sie viele vierblättrige Kleeblätter auf die freie Fläche und ergänzen Sie dazwischen einige Punkte in hellem Grün.

ANLEITUNG PUSTEBLUME

Wählen Sie einen länglichen Stein aus. Er kann flacher sein als meiner, aber er sollte Ihnen ausreichend Platz geben für Ihren Glück-Wunsch.

Skizzieren Sie auf dem Stein zunächst die Grundlinien des Motivs mit Bleistift.

Dann zeichnen Sie die Linien mit dem Tuschestift und ergänzen die Textzeile. Wenn Sie sich dabei unsicher sind, üben Sie zunächst auf Papier. Ziehen Sie eine Linie, die genauso lang ist, wie die auf Ihrem Stein.

Zum Schluss tupfen Sie die stilisierten Samen des Löwenzahns in verschiedenen Nuancen von grünlichem Gelb bis bläulichem Grün auf.

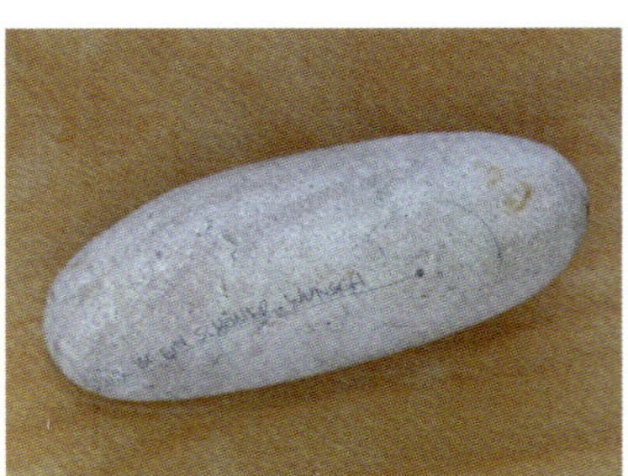

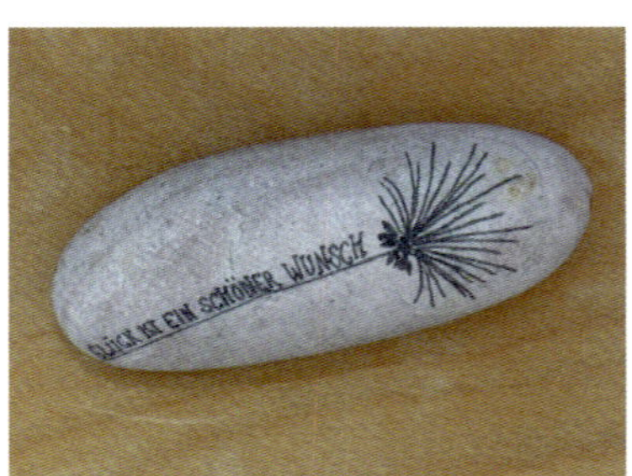

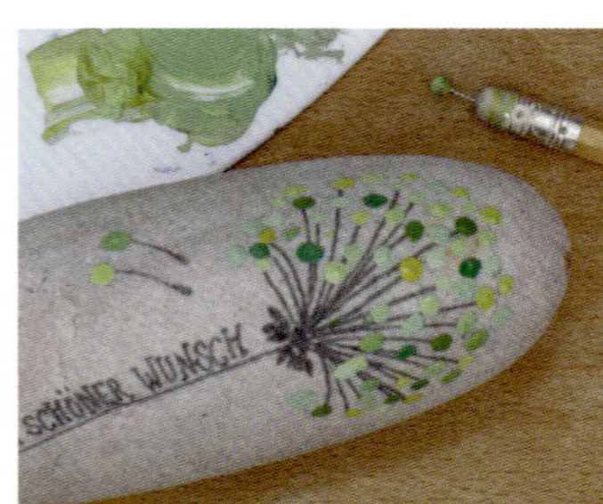

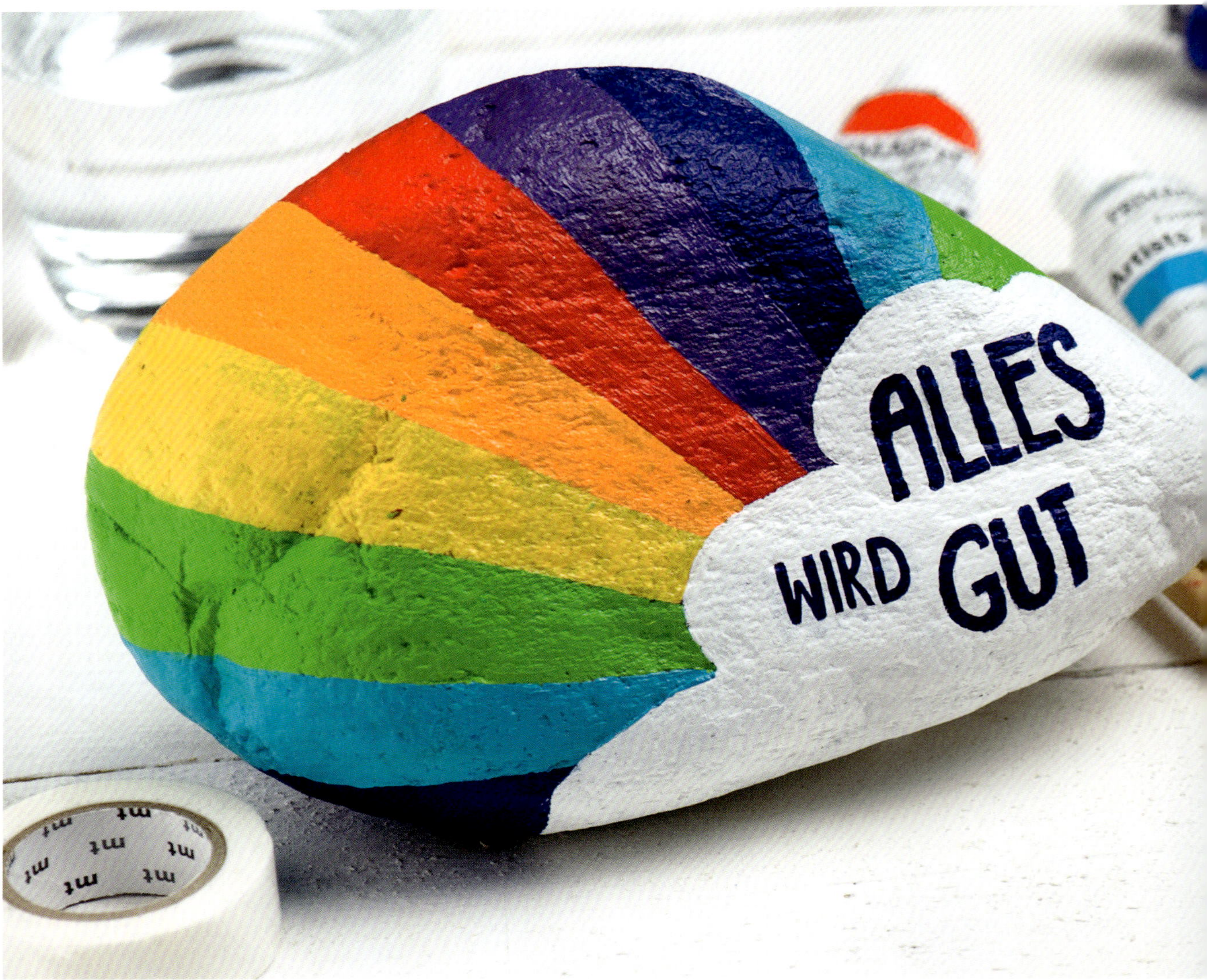

Alles wird gut!

Regenbogen-Steine für
kleinere und größere Krisen

MATERIAL

Acrylfarben und Pinsel • Acrylstift in Weiß

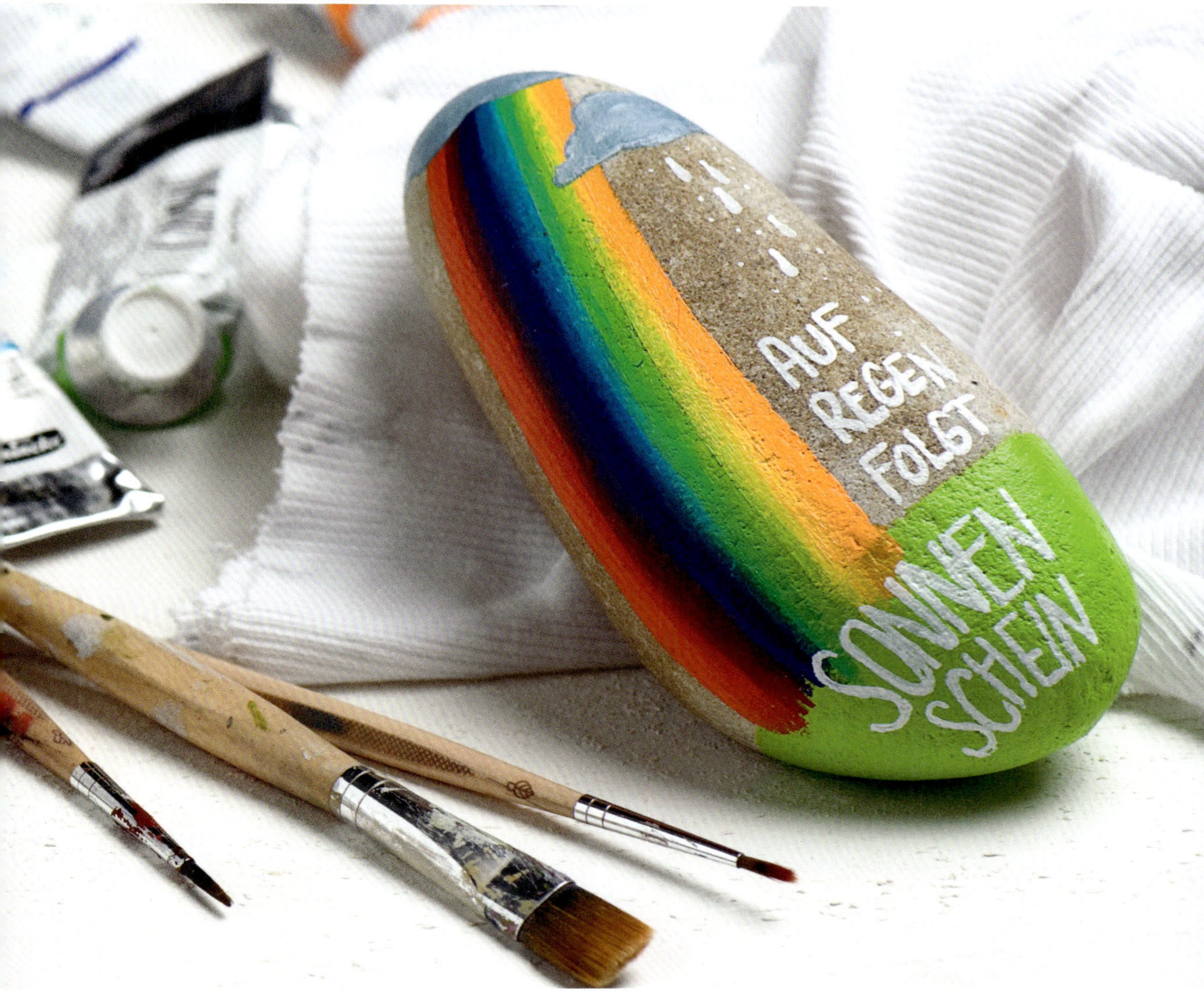

ANLEITUNG ALLES WIRD GUT

Für den Regenbogen die Kanten der einzelnen Segmente mit Masking Tape abkleben.

Auf Steinen mit einer Form, wie den, den ich ausgewählt habe, kann man das Motiv nicht ohne Mühe auf der Rückseite weitermalen.

Ich habe mich deshalb dazu entschieden, die Farbflächen auf der Rückseite einfach mit kräftigen Pinselstrichen auslaufen zu lassen.

ANLEITUNG SONNENSCHEIN

Um fließende Übergänge zwischen den einzelnen Farben zu erzielen, malen Sie erst die eine, dann die benachbarte. Danach nehmen Sie wieder etwas von der ersten Farbe auf den Pinsel, ohne ihn vorher auszuwaschen.

Malen Sie jetzt sanft über die Kanten zwischen den beiden Farben, bis Sie mit dem Farbübergang zufrieden sind.

Denk positiv

augenzwinkernde Steine, die bewegen wollen

MATERIAL

Acrylfarben und Pinsel oder Acrylstifte • Tuschestift in Schwarz • Tuschestift mit Pinselspitze in Weiß

ANLEITUNG EIN ZEICHEN

Dieses Motiv wirkt auf einem grauen oder sogar dunkelgrauen Stein besonders gut.

Grundieren Sie das Textfeld in Schwarz und das Verkehrszeichen in Weiß und lassen Sie beide Flächen gut trocknen. Malen Sie die gelbe Fläche des Schilds und lassen Sie auch diese trocknen.

Am Ende schreiben Sie den Text in Weiß beziehungsweise in Schwarz.

ANLEITUNG GLÜHBIRNE

Auch für dieses Motiv eignet sich ein Stein mit etwas gröberer Oberfläche in Grau.

Grundieren Sie zunächst die Fläche des Leuchtkörpers in Gelb und die des Gewindes in Grau. Ziehen Sie dabei keine klaren Kanten, sondern lassen Sie sie gepinselt aussehen.

Sobald die Acrylfarbe getrocknet ist, können Sie das Motiv Schritt für Schritt mit dem Tuschestift zeichnen. Klappt das nicht beim ersten Mal, grundieren Sie die Flächen einfach noch einmal und starten neu.

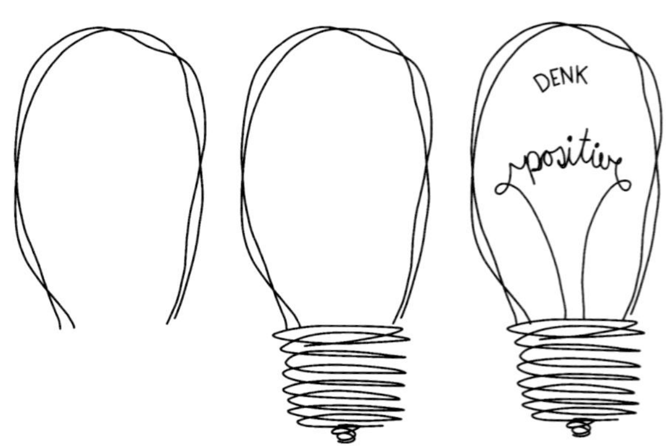

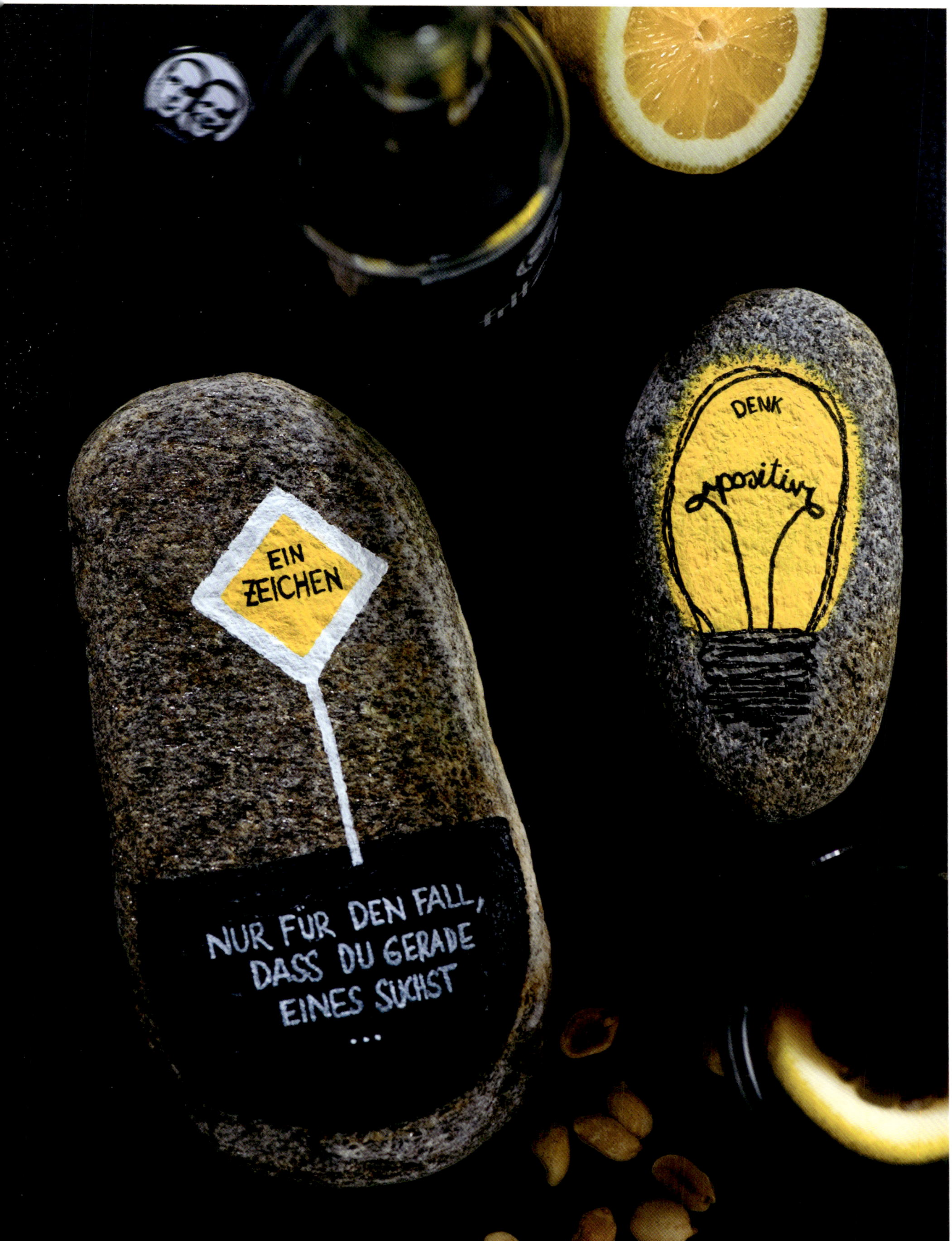
EIN ZEICHEN
NUR FÜR DEN FALL, DASS DU GERADE EINES SUCHST ...
DENK
positiv

Oooooohhmmmm

lustige Steine für mehr Gelassenheit

MATERIAL

Acrylfarben und Pinsel oder Acrylstifte • Tuschestift in Schwarz und Weiß

ANLEITUNG

Grundieren Sie die Oberseite des ausgewählten Steins oder den ganzen Stein.

Die Vorlage auf die getrocknete Farbschicht übertragen oder die Konturen frei Hand mit dem Bleistift skizzieren.

Das Motiv locker mit Acrylfarbe ausmalen. Nach dem Trocknen die Konturen mit dem Tuschestift nachfahren und gegebenenfalls den Text schreiben.

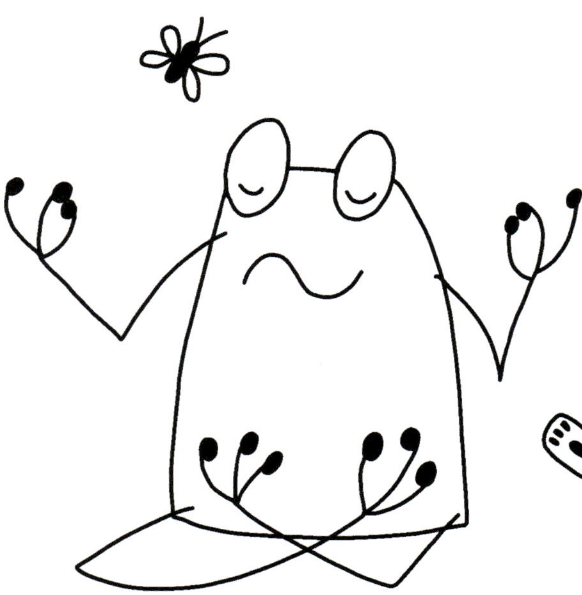

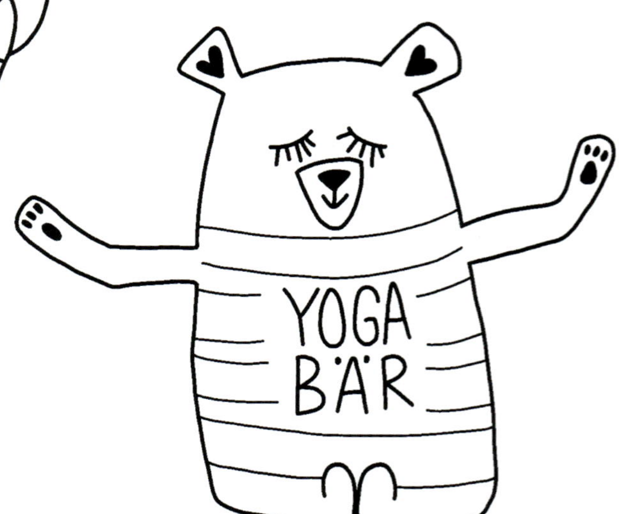

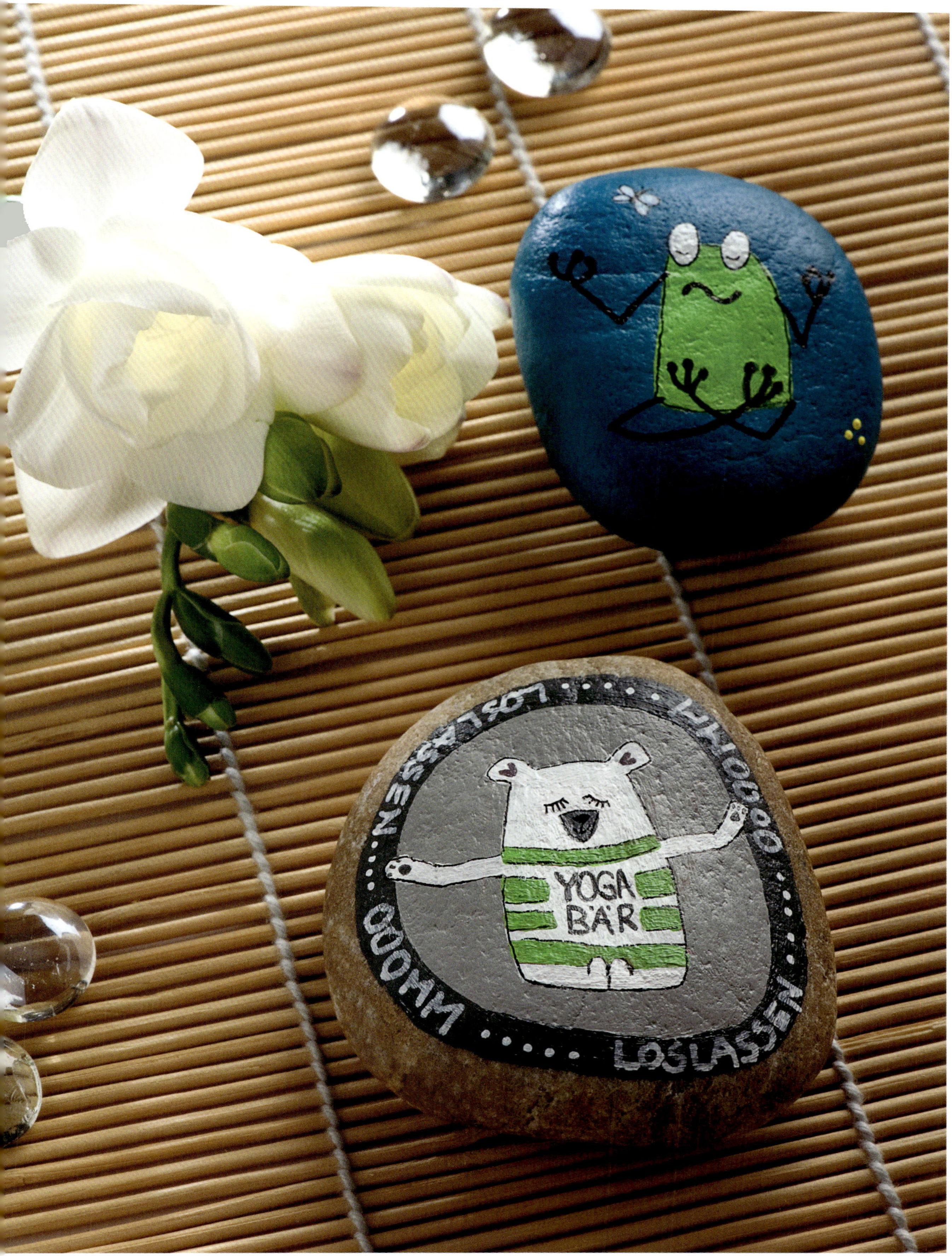
YOGA
BÄR
LOSLASSEN

Halt die Ohren steif!

aufmunterndes Durchhalte-Häschen

MATERIAL

Acrylfarben und Pinsel • Tuschestift in Weiß • extrafeiner Tuschestift in Schwarz

ANLEITUNG

Dieses Motiv wirkt besonders gut auf flachen, glatten Steinen.

Malen Sie zuerst den Hintergrund mit dem Rahmen auf. Übertragen Sie dann die Vorlage des Häschens auf den Stein und grundieren Sie es in hellem Grau. Schattieren Sie dann mit wenig Farbe und fast trockenem Pinsel Nase, Innenohr und Fußsohlen. Sie können auch an einzelnen Stellen noch ein etwas aufgehelltes Grau „aufbürsten" (siehe Seite 15).

Zeichnen Sie mit dem weißen Tuschestift die Konturen und schreiben Sie den Text.

Zum Schluss betonen Sie mit dem schwarzem Tuschestift und lockerer Hand die Kanten der Flächen des Häschens.

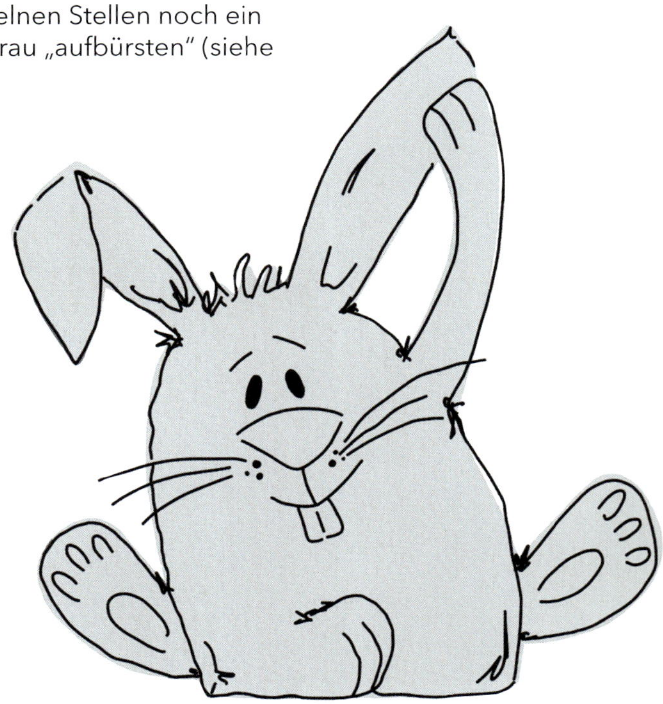

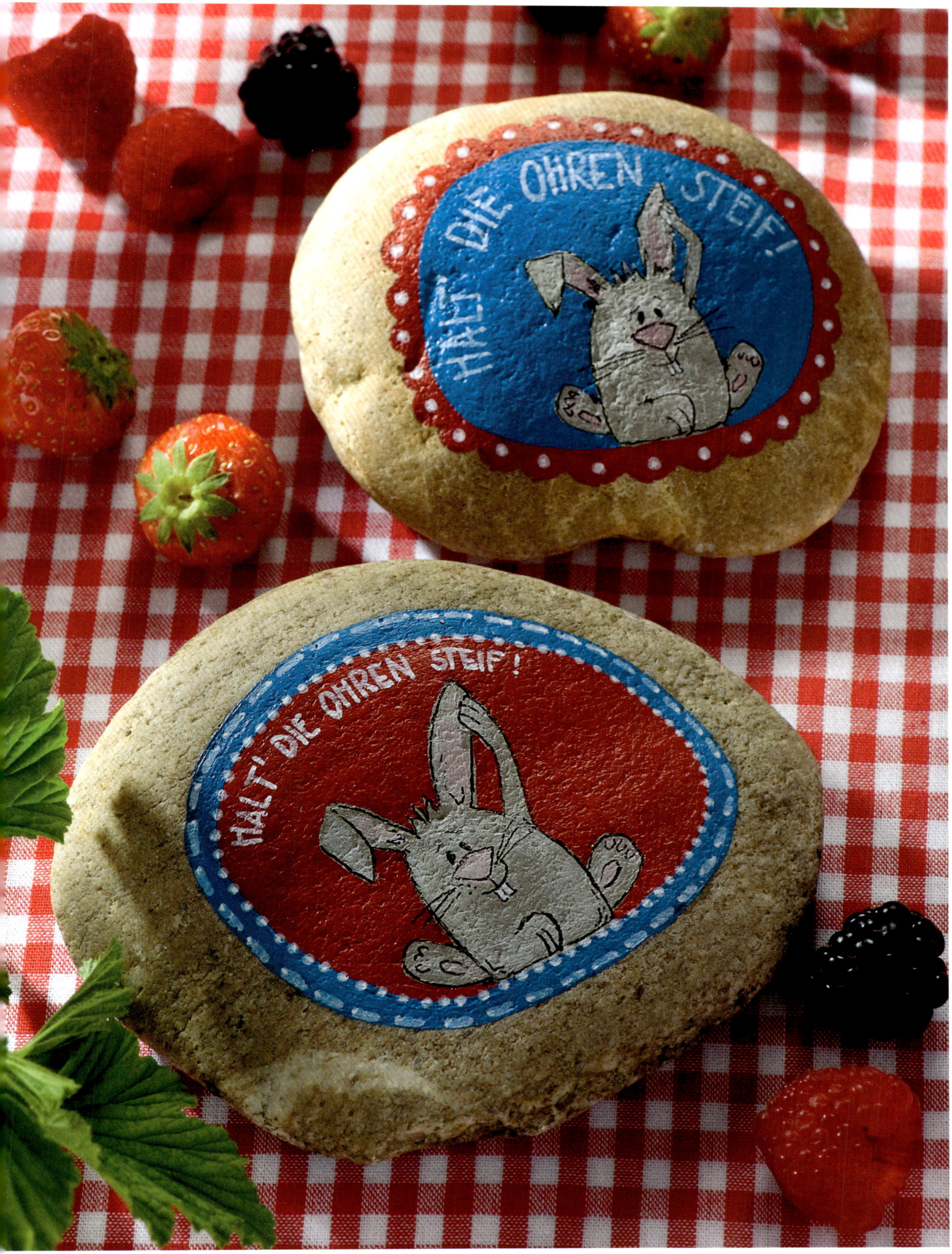
HALT! DIE OHREN STEIF!
HALT! DIE OHREN STEIF!

Gute Besserung

drei Pinguine mit den besten Wünschen

MATERIAL

Acrylfarben und Pinsel oder Acrylstifte • extrafeiner Tuschestift in Schwarz • Band für den Schal

ANLEITUNG

Wählen Sie einen Stein, der gut zur Form eines stilisierten Pinguins passt.

Grundieren Sie ihn weiß und lassen Sie die Farbe gut trocknen.

Malen Sie zuerst die schwarze Fläche und die Augen, dann Schnabel und Füße in Orange und gegebenenfalls ein Accessoire in einer Lieblingsfarbe.

Schließlich schreiben Sie mit dem Tuschestift die Genesungswünsche auf die Bauchfläche des Pinguins und knoten eventuell einen Schal um seinen Hals.

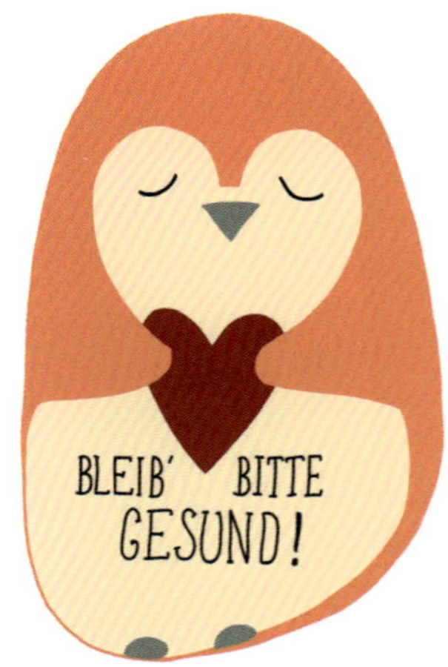

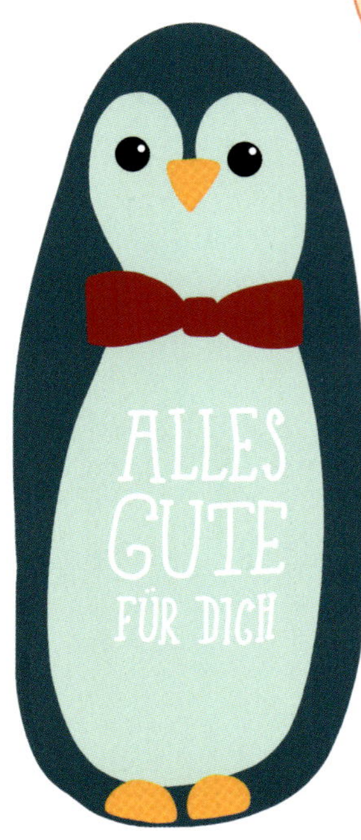

Tipp

Wer einen Pinguin beobachtet, muss unwillkürlich lächeln. Die charmanten Tiere sind Sympathieträger. Reduziert auf die wesentlichen Konturen sind sie so markant, dass Sie durchaus auch Varianten mit einer peppigen Farbe ausprobieren können statt des üblichen Schwarz.

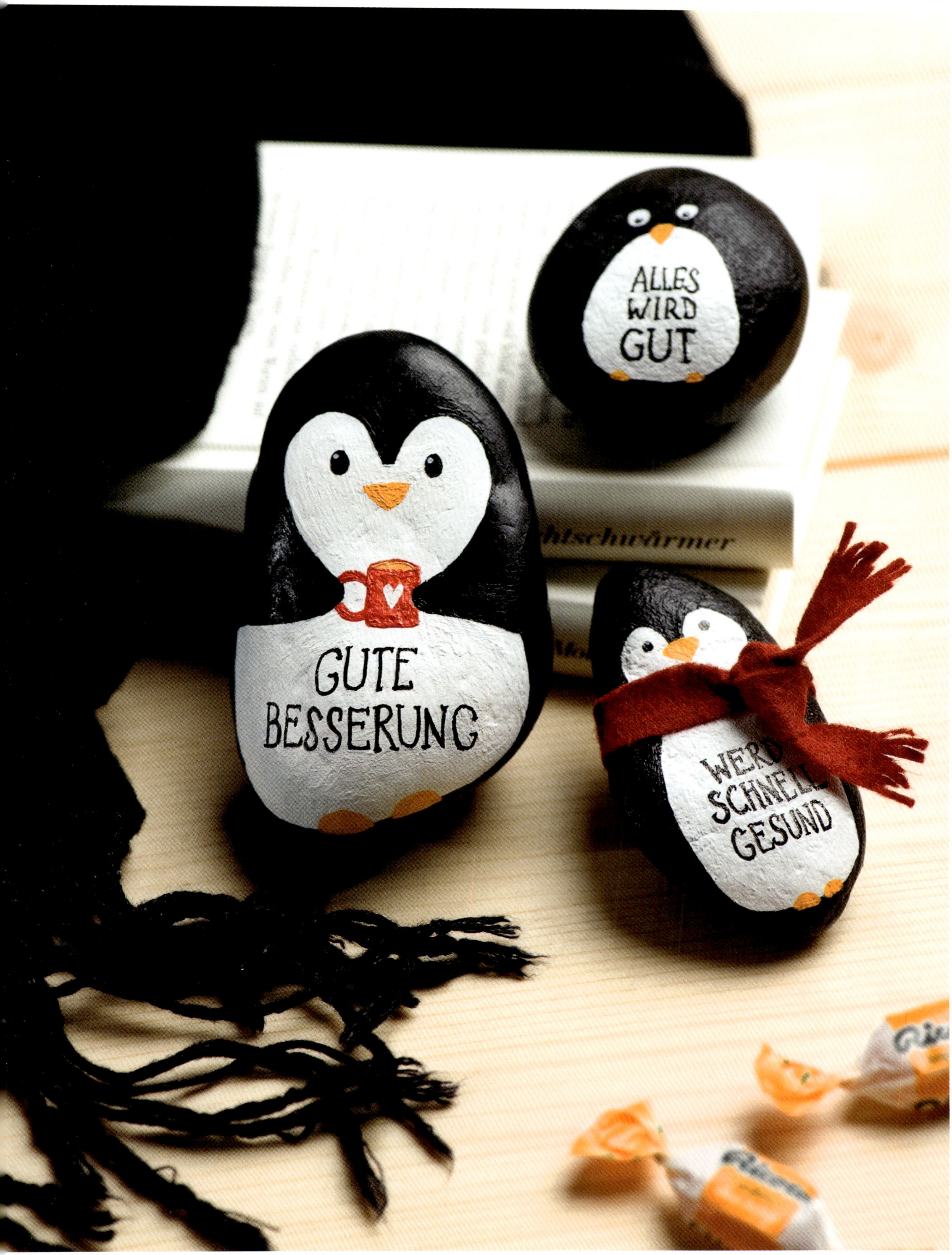
ALLES WIRD GUT
GUTE BESSERUNG
GESUND

Gemeinsam

sind wir stark

MATERIAL

wasserfeste Stifte in Weiß und Schwarz • Bleistift und Radiergummi

ANLEITUNG

Skizzieren Sie frei Hand die Konturen der Bären und des Schriftzugs. Die Bären sind alle etwas unterschiedlich in der Form. Wichtig sind nur die charakteristische, etwas eckige Kopfform und die Ohren.

Wenn Sie mit der Skizze zufrieden sind, kolorieren Sie die Flächen und den Text schwarz.

Sobald die schwarze Farbe getrocknet ist, können Sie die weißen Konturen ergänzen.

Zum Schluss setzen Sie die kleinen schwarzen Akzente wie die Pupillen und die Gesichter.

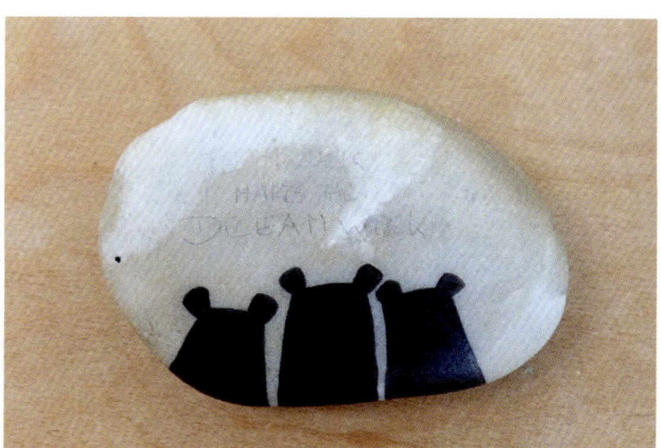

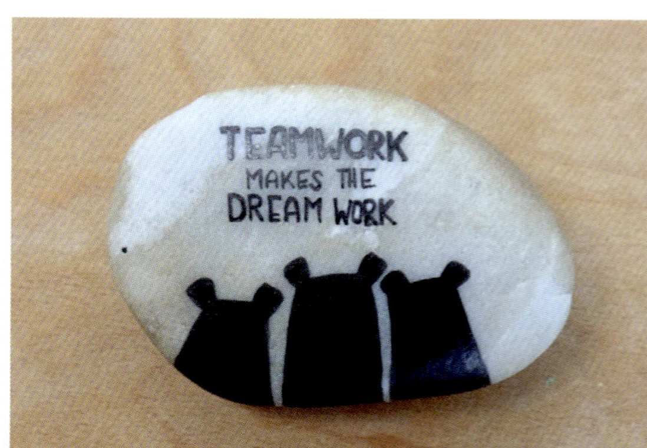

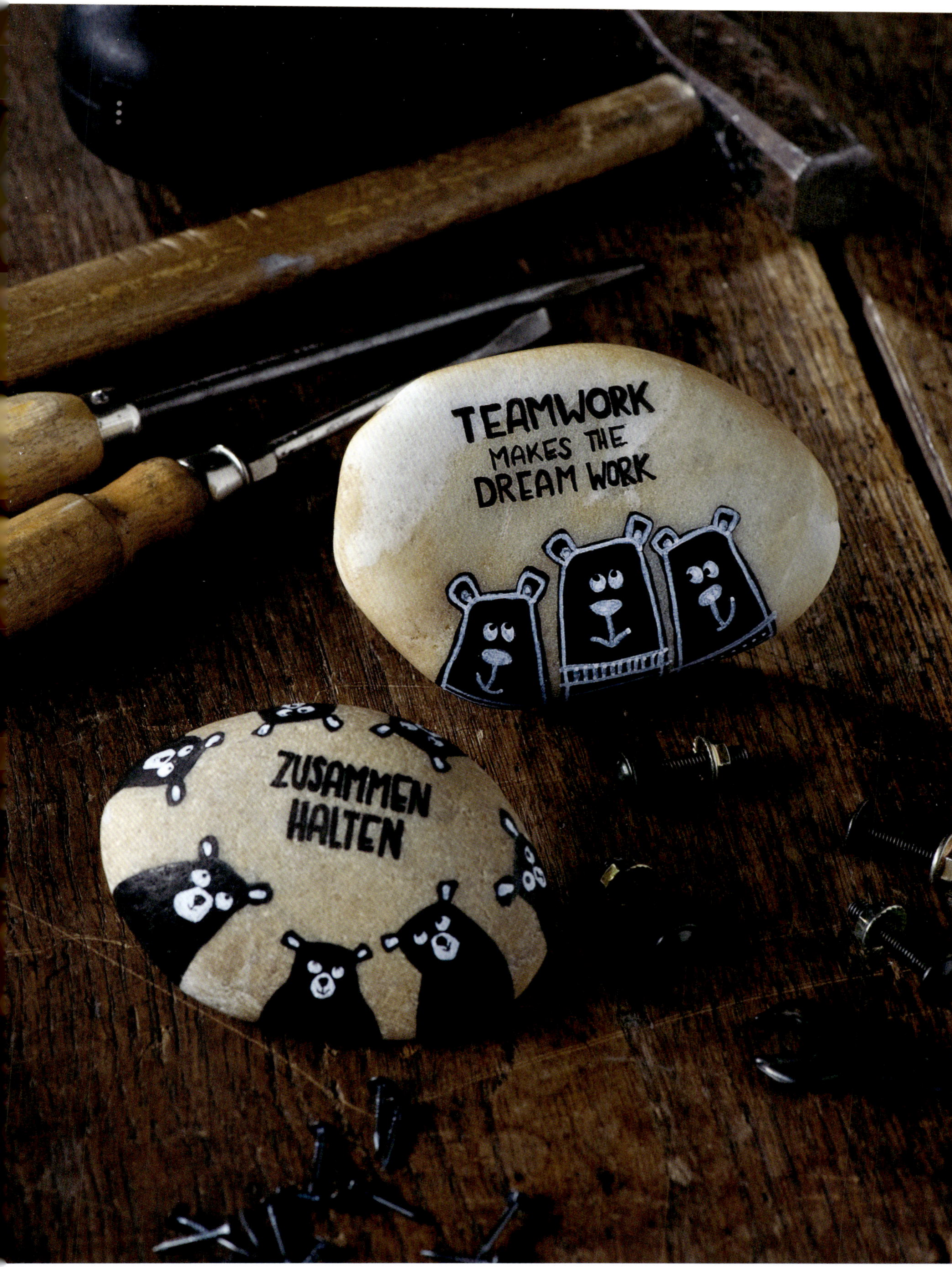
TEAMWORK
MAKES THE
DREAM WORK
ZUSAMMEN
HALTEN

Happy Bee

witzige Wortspielereien

MATERIAL

Acrylfarben und Pinsel • wasserfester Stift in Schwarz, Strichstärke M

ANLEITUNG

Malen Sie zuerst die Körper der Bienen auf den Stein, den Sie ausgewählt haben.

Sobald die Farbe getrocknet ist, können die schwarzen Details und die Worte mit dem Stift ergänzt werden. Wer möchte, kann sie vorher mit einem Bleistift skizzieren.

Schließlich malen Sie die Flügel der Bienen und die Blüten.

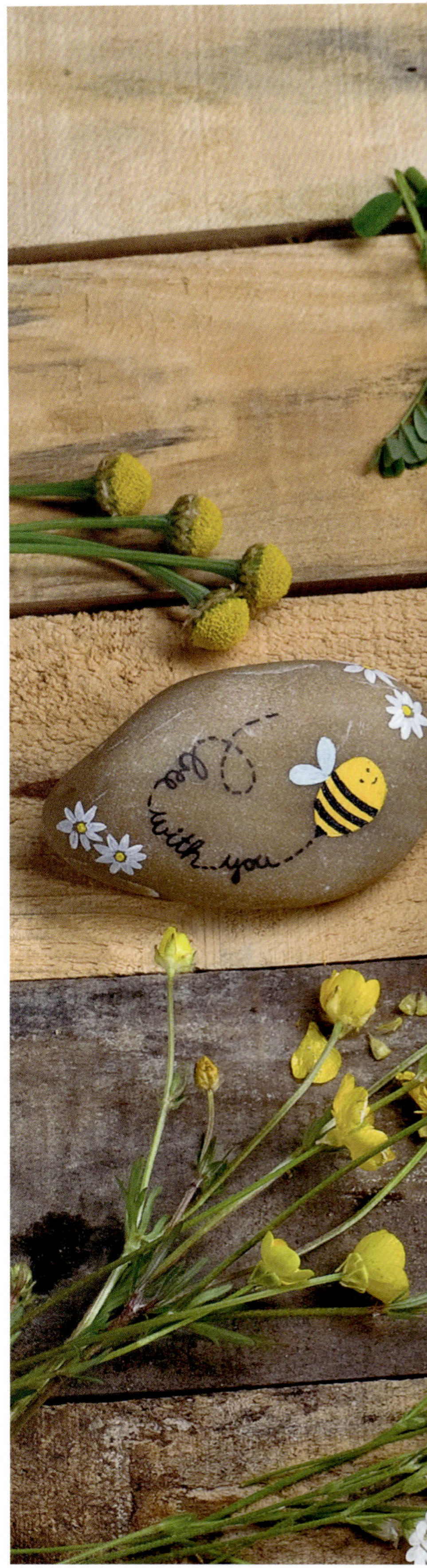

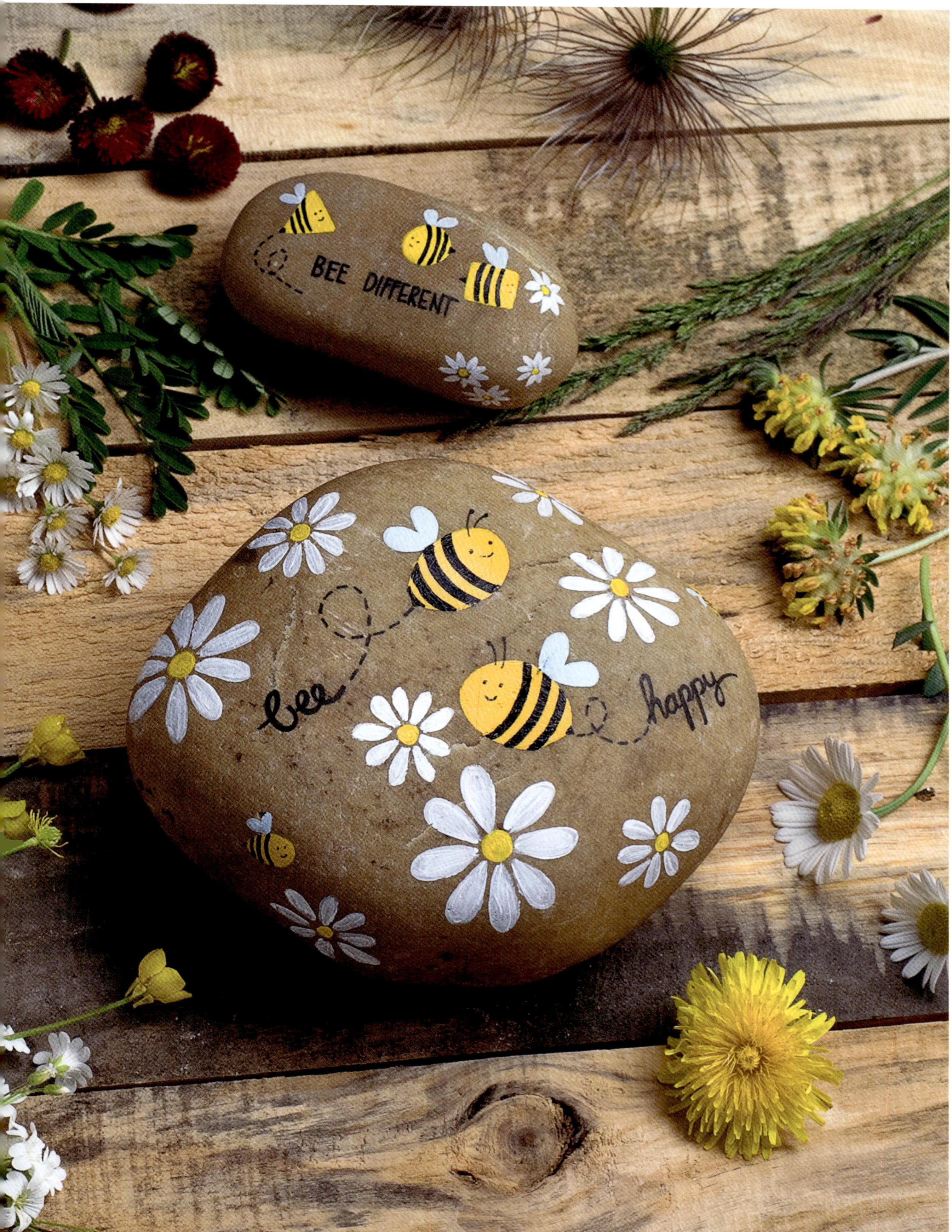
BEE DIFFERENT
bee
happy

Nimm dir

was du heute brauchst

MATERIAL

Acrylstifte • Silikon-Gießform Steine • Gießpulver in Weiß

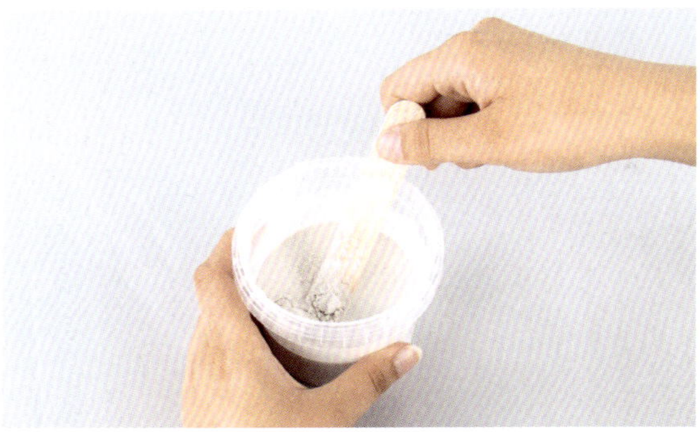

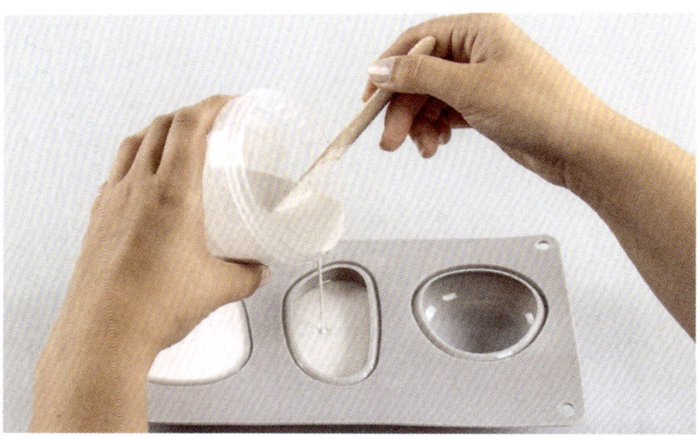

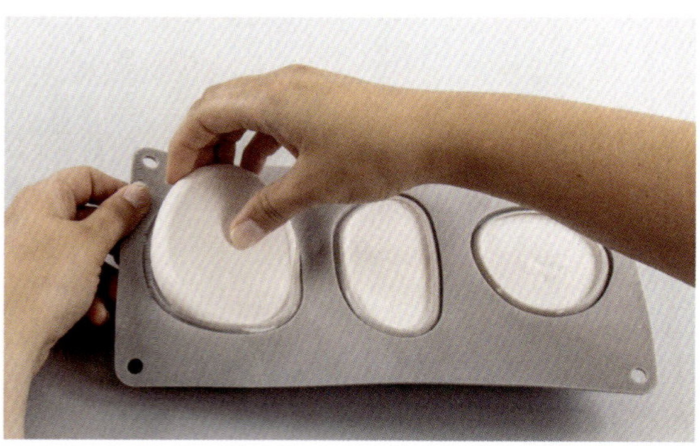

ANLEITUNG

Gießen Sie zunächst die Steine nach der Anleitung auf der Verpackung der Gießform.

Die gegossenen Steine haben für diese Idee gegenüber Kieselsteinen zwei große Vorteile: Ihre Oberfläche ist herrlich glatt. Und Sie können mühelos und preiswert immer wieder Steine in der gleichen Form und Größe gießen.

Da die Achtsamkeitssteine tatsächlich mitgenommen werden sollen, habe ich außerdem Motive und Hintergründe gewählt, die Sie ganz einfach mit Acrylstiften immer wieder malen können. Die Steine fordern Ihre Familie, Ihre Gäste, Kollegen, Kunden, Patienten oder Mandanten auf, einen Moment innezuhalten und sich aufmerksam zu fragen, was sie selbst eigentlich gerade benötigen, und sie geben Ihnen immer wieder einen Anlass für ein kleines bisschen Kreativsein zwischendurch, wenn die Auswahl wieder ergänzt werden muss. Eine richtig gute Sache also. Lassen Sie sich überraschen, welche Gedanken und Gespräche solche impulsgebenden Steine auslösen.

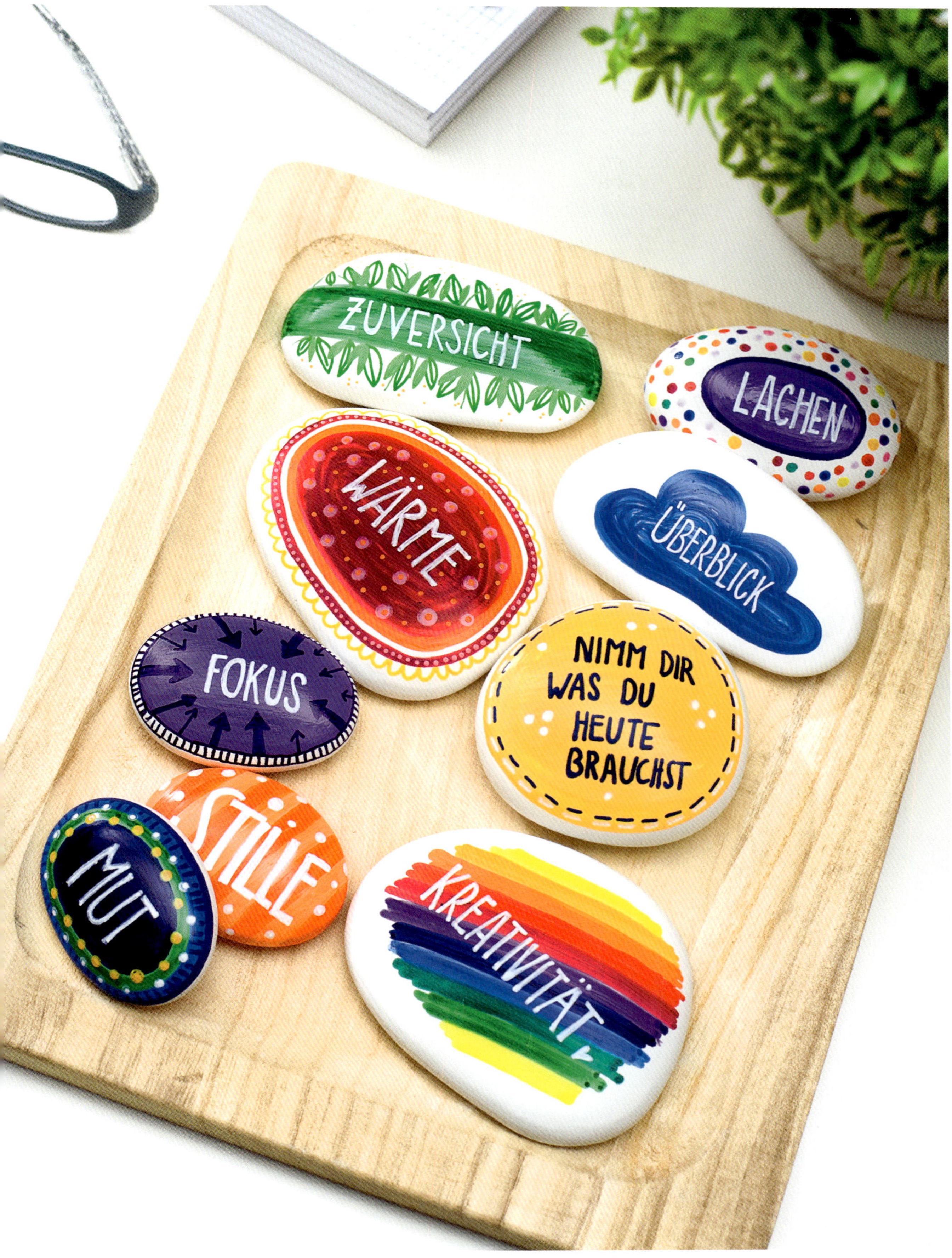
ZUVERSICHT
LACHEN
WÄRME
ÜBERBLICK
FOKUS
NIMM DIR WAS DU HEUTE BRAUCHST
STILLE
MUT
KREATIVITÄT

Schutzengel

kunterbunt und liebenswert

MATERIAL

Acrylfarben und Pinsel • wasserfester
Stift in Schwarz, Strichstärke XS • Silikon-Gißform
Steine • Kreativ-Beton (staubarm)

ANLEITUNG

Für die detailverliebten Schutzengel habe ich mich für selbst gegossene Steine aus Beton entschieden, deren Oberfläche glatt und gleichmäßig ist.

Die Steine nach den Herstellerangaben gießen und vollständig trocknen lassen.

Bei jedem Schutzengel beginnen Sie mit den weißen Flügeln. Danach malen Sie den Kopf, dann das Kleid. Zum Schluss ergänzen Sie die Feinheiten: Gesicht, Frisur, feine Details und Stoffmuster…

Tipp

Zum Bemalen können Sie Steine mit weißem Gießpulver oder mit Kreativ-Beton gießen.

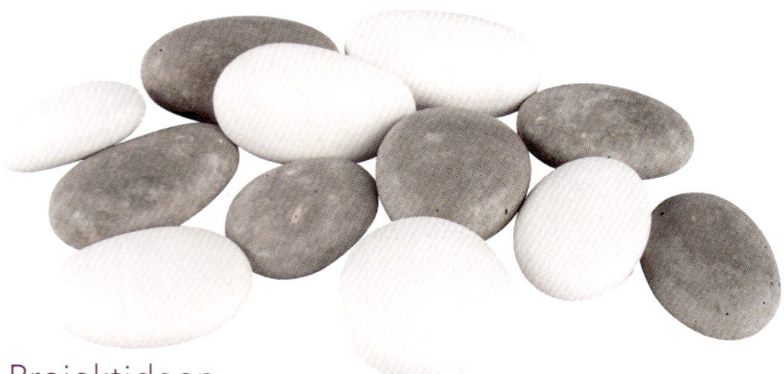

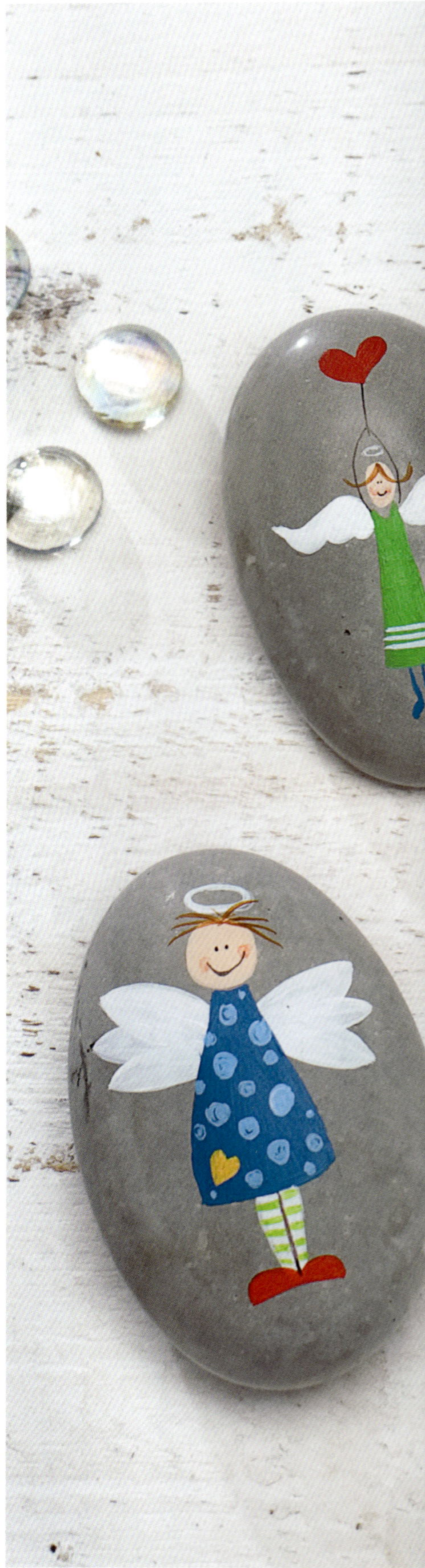

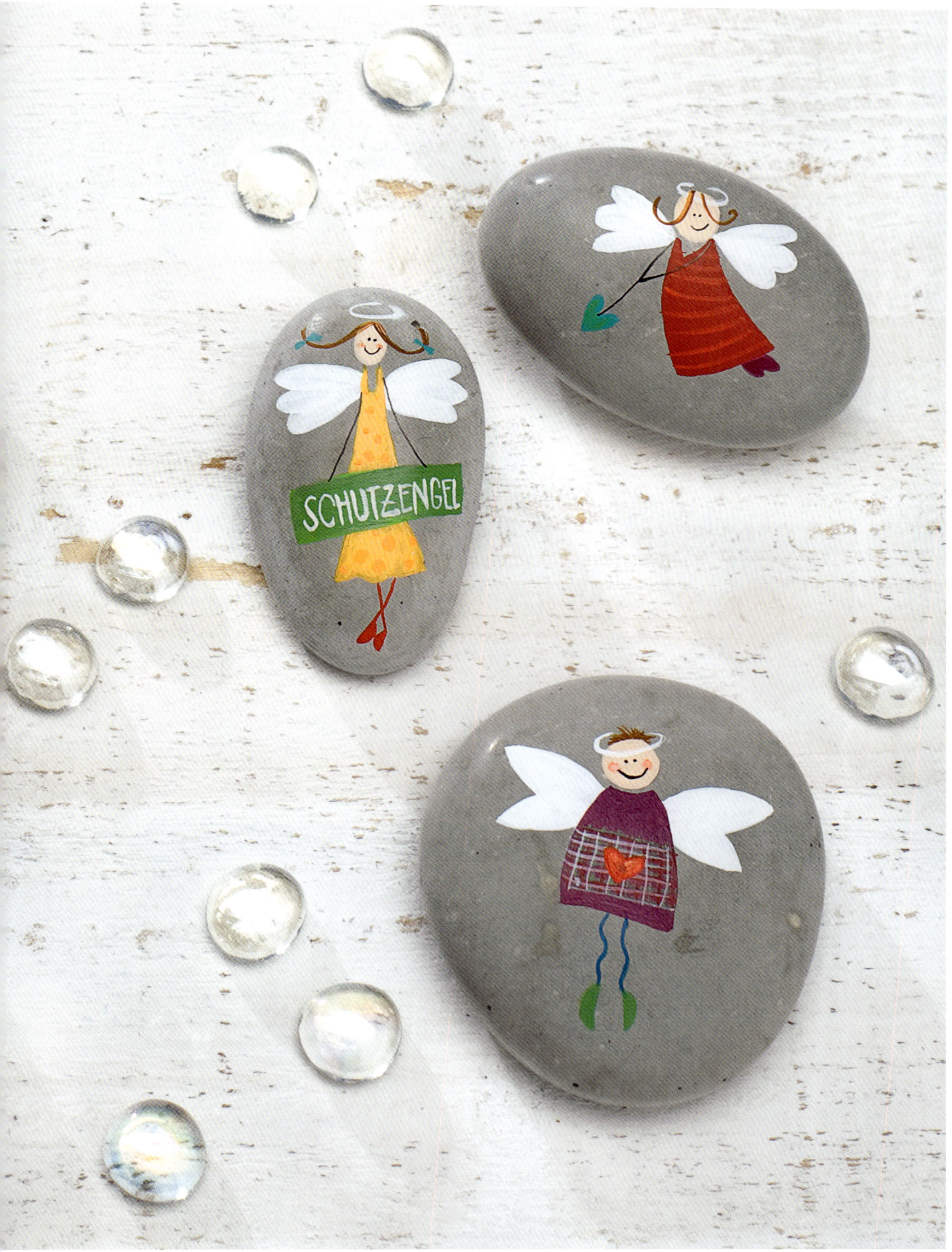
SCHUTZENGEL

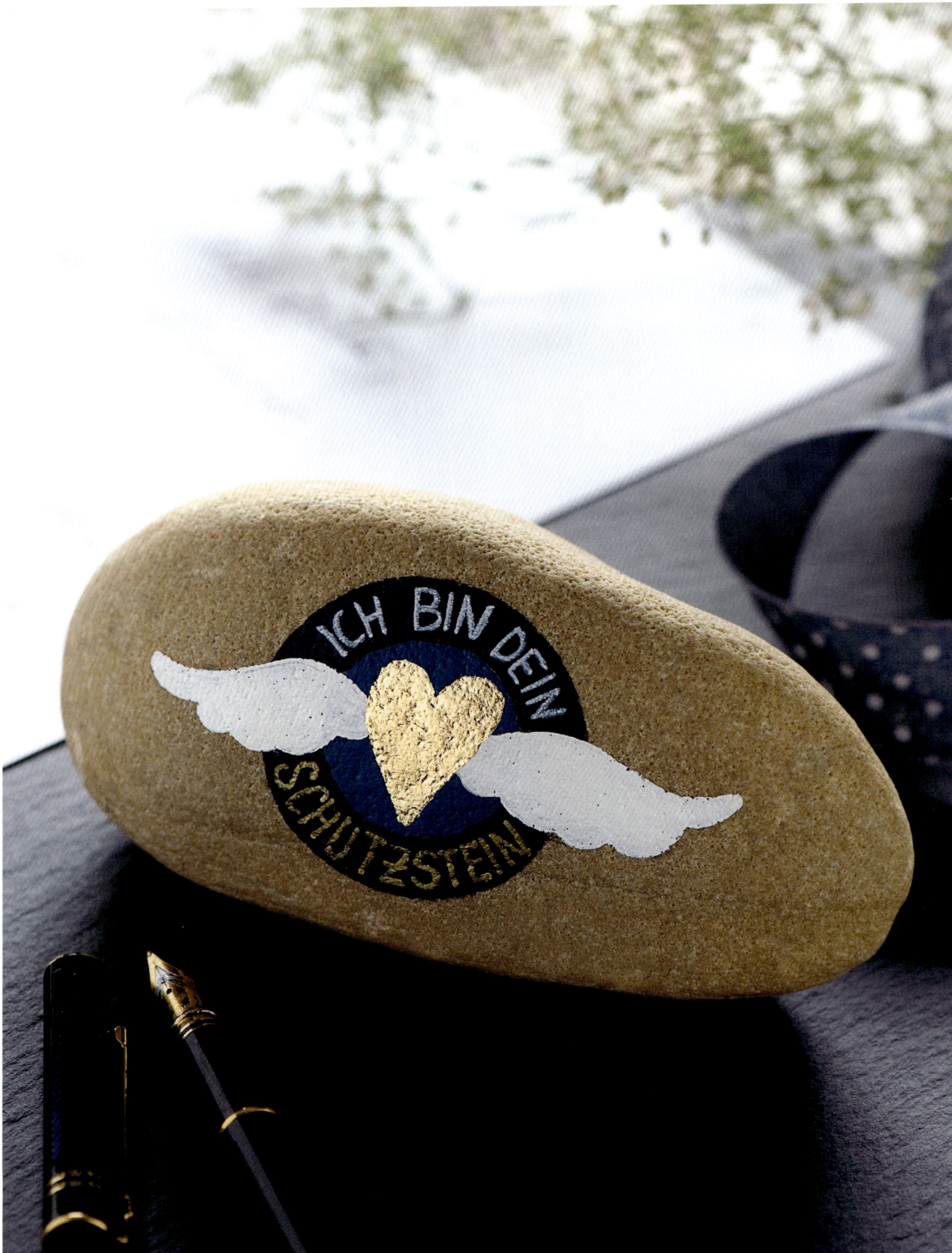
ICH BIN DEIN
SCHUTZSTEIN

Schutz und Segen

Steine, die dich behüten sollen

MATERIAL

Acrylfarben und Pinsel • Tuschestift mit Pinselspitze in Weiß • Tuschestift in Gold • Pauspapier für die Vorlage • Blattmetall in Gold • Anlegemilch • weicher Pinsel für die Anlegemilch • zweiter weicher, flacher Pinsel für das Blattmetall

ANLEITUNG SCHUTZSTEIN

Die Vorlage auf den gewählten Stein übertragen (siehe Seite 12/13).

Die beiden blauen Flächen und die weißen Flügel grundieren. Den Text mit dem Tuschestift ergänzen.

Anschließend tragen Sie die Anlegemilch auf das Herz in der Mitte auf. Sie muss mindestens eine halbe Stunde trocknen. Helfen Sie dabei nicht mit dem Föhn nach. Dann das Blattmetall wie vom Hersteller beschrieben aufbringen und dafür den zweiten, absolut trockenen Pinsel verwenden. Sie können problemlos auch mehr Zeit verstreichen lassen zwischen Auftragen der Anlegemilch und Auflegen des Blattmetalls.

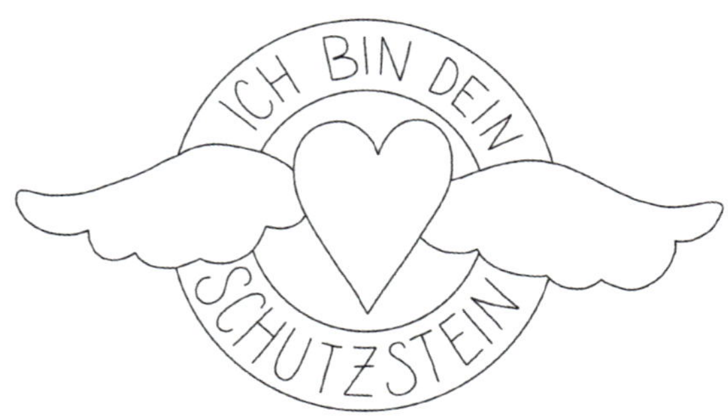

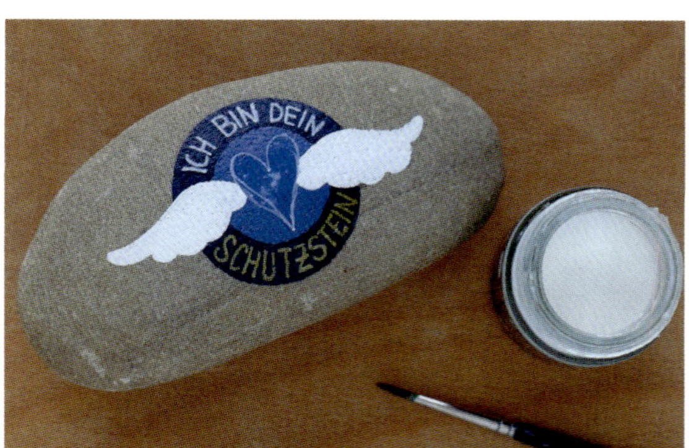

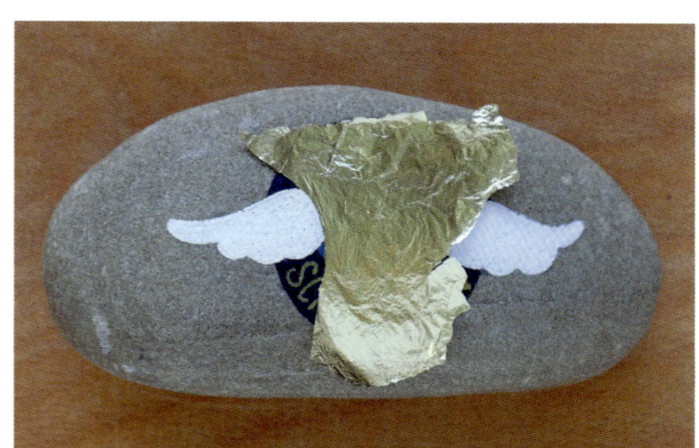

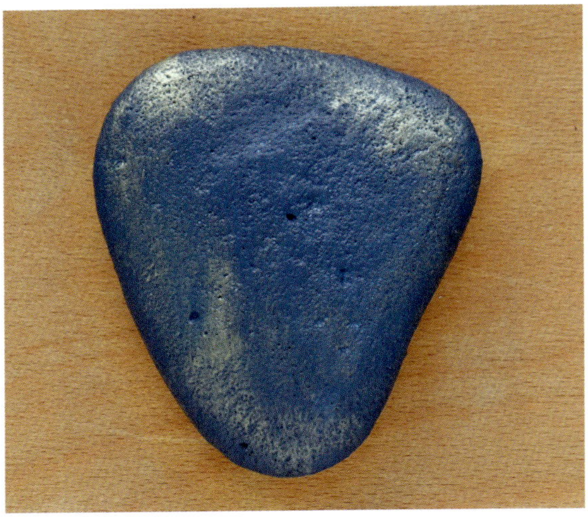

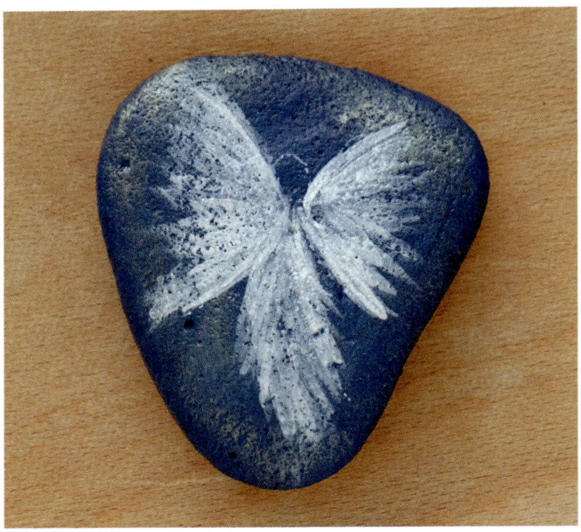

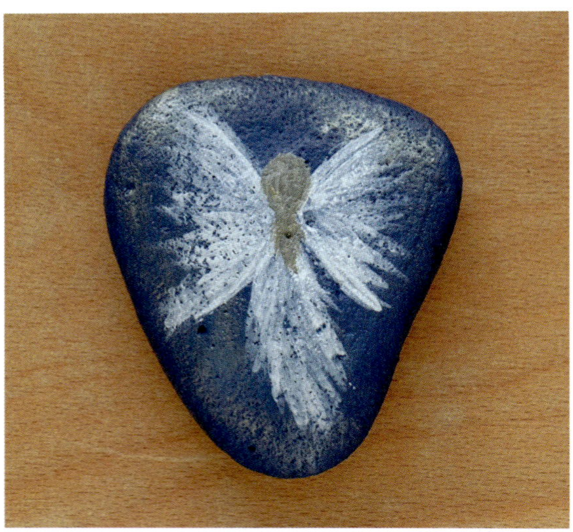

ANLEITUNG SCHUTZENGEL

Grundieren Sie den Stein mit Acrylfarbe und lassen Sie ihn gut trocknen.

Danach bürsten Sie mit einem flachen Borstenpinsel an einzelnen Stelle Acrylfarbe in Gold auf. Arbeiten Sie mit ganz wenig Farbe und wiederholen Sie den Vorgang immer wieder, bis Sie mit der Wirkung zufrieden sind.

Mit einem feinen Haarpinsel und weißer Farbe markieren Sie zunächst möglichst zurückhaltend die äußeren Begrenzungen der beiden Flügel und des Gewands. Erst danach füllen Sie diese Flächen mit schnellen lockeren Pinselstrichen und einem größeren runden Haarpinsel. Beginnen Sie bei jedem Strich in der Mitte und lassen Sie ihn zum Rand hin auslaufen.

Ist die weiße Farbe trocken, fügen Sie das Haar hinzu in lichtem Braun mit goldenen Reflexen.

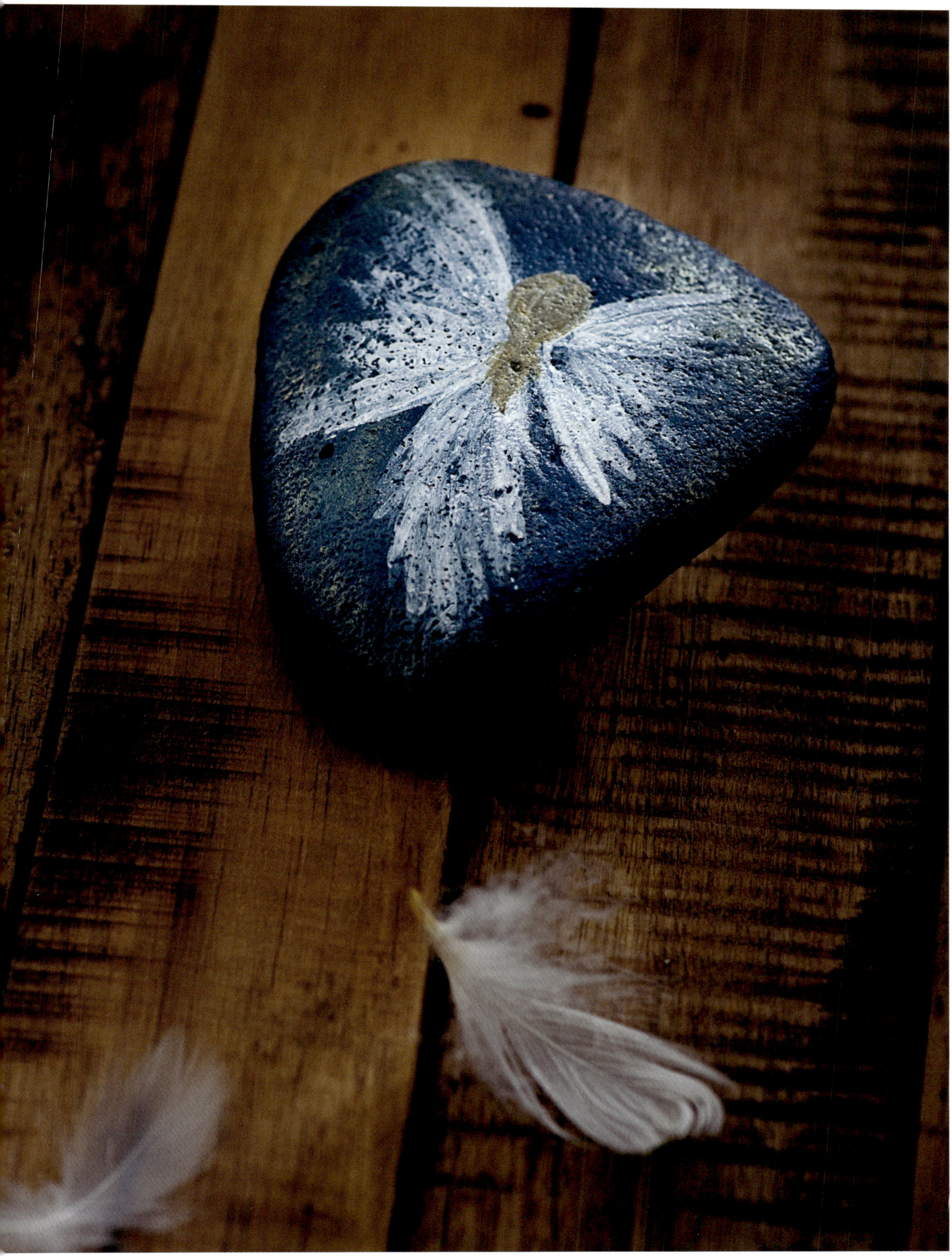

Friede auf Erden

Wünsche aus tiefster Seele

MATERIAL

Acrylfarben und Pinsel • Tuschestifte in Braun und Weiß • Pauspapier für die Vorlage • Blattmetall in Gold • Anlegemilch • weicher Pinsel für die Anlegemilch • zweiter weicher, flacher Pinsel für das Blattmetall

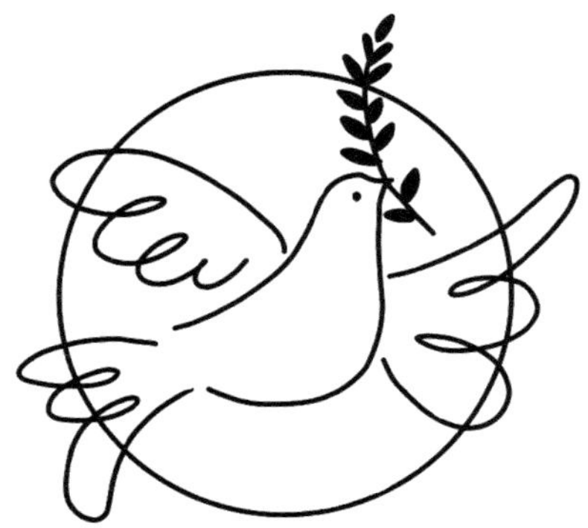

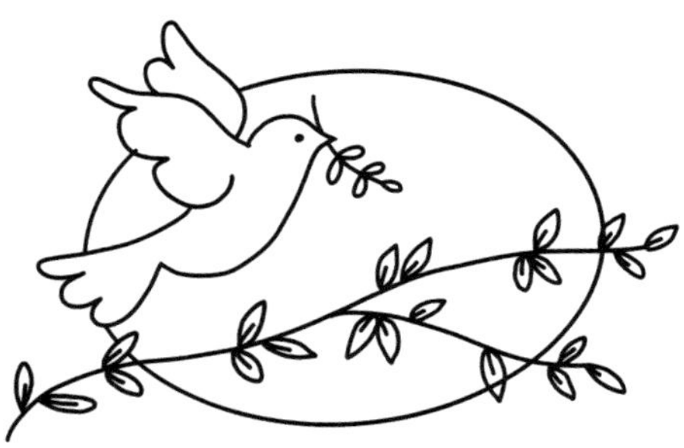

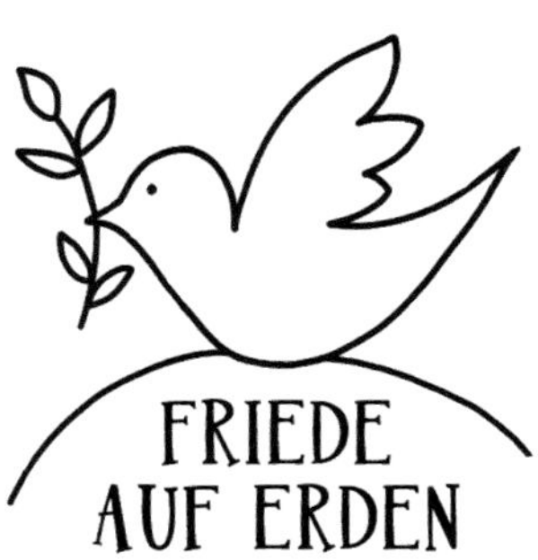

ANLEITUNG

Die Vorlagen auf den jeweiligen Stein übertragen und die Motive mit den Acrylfarben malen. Malen Sie dabei immer vom Hintergrund zum Vordergrund.

Sobald die Acrylfarben trocken sind, tragen Sie die Anlegemilch für das Blattmetall auf. Auch sie muss mindestens eine halbe Stunde trocknen. Helfen Sie dabei nicht mit dem Föhn nach. Dann das Blattmetall wie vom Hersteller beschrieben aufbringen und dafür den zweiten, absolut trockenen Pinsel verwenden. Sie können problemlos auch mehr Zeit verstreichen lassen zwischen Auftragen der Anlegemilch und Auflegen des Blattmetalls. Meine Steine habe ich erst am nächsten Morgen weiter bearbeitet.

Zum Schluss die Schriftzüge mit den Tuschestiften schreiben.

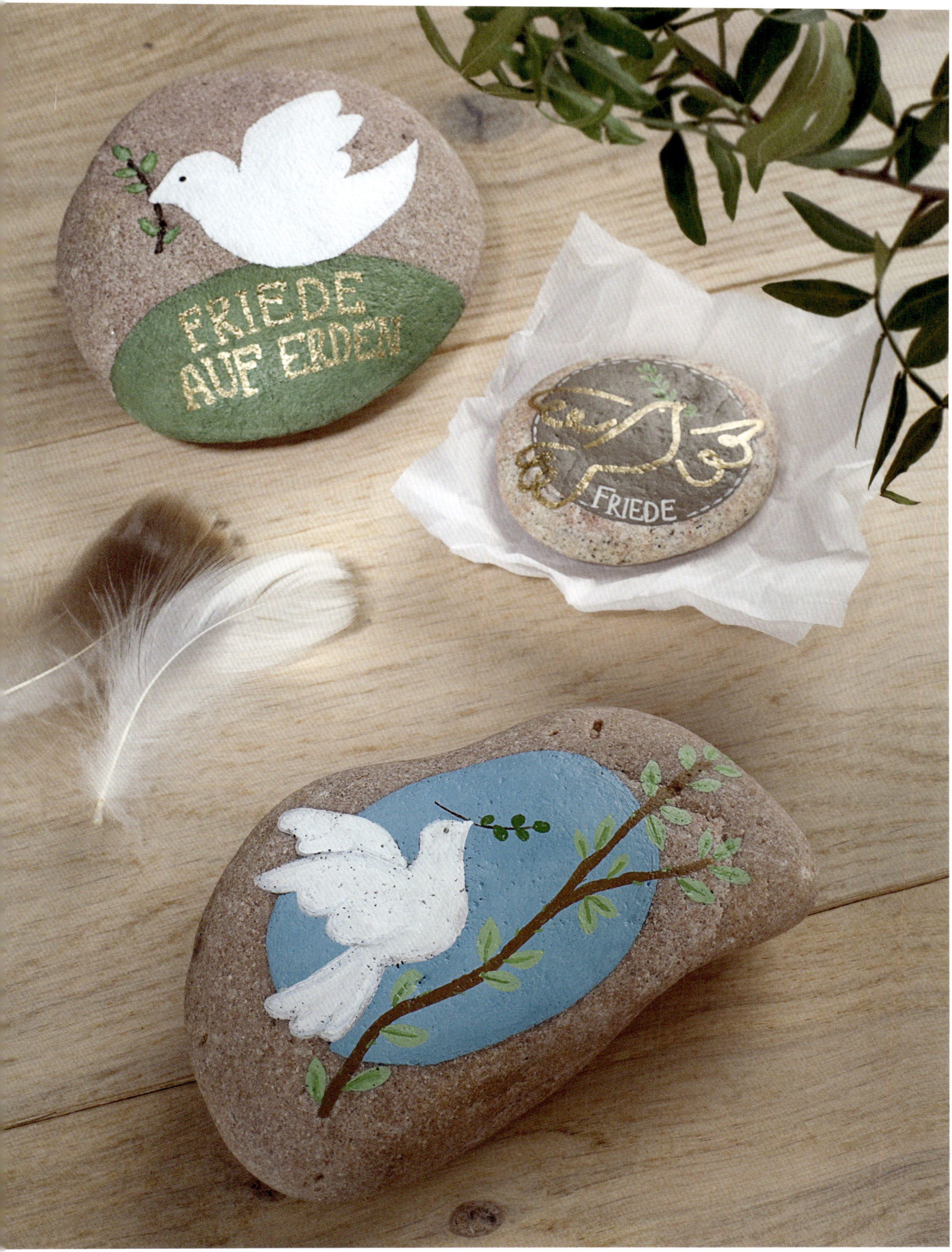
FRIEDE
AUF ERDEN
FRIEDE

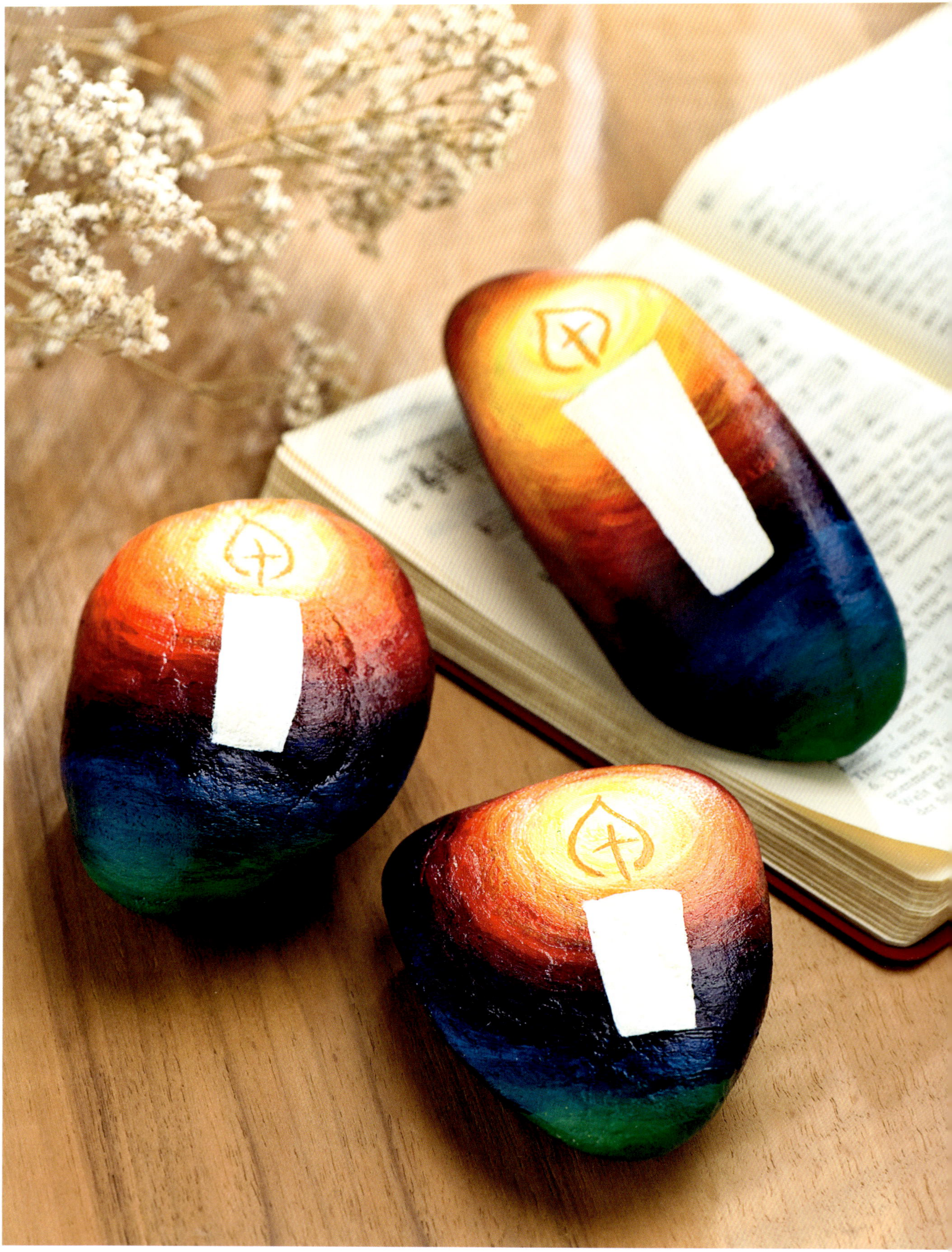

Lebenslicht

farbenprächtige Steine mit Ausstrahlung

MATERIAL

Acrylfarben in Weiß, Gelb, Zinnoberrot, Violett, Blau und Grün • flacher, schmaler Haarpinsel, z. B. Größe 4 • runder Haarpinsel, Größe 2 oder Acrylstift in sattem Gelb, Strichstärke 1–2 mm

ANLEITUNG

Wählen Sie einen Stein aus, der Ihnen als Kraftstein besonders gut gefällt. Für dieses Motiv benötigen Sie keine ganz bestimmte Form.

Betrachten Sie den Stein und legen Sie fest, wo genau der helle Mittelpunkt der Kerzenflamme sein soll. Hier beginnen Sie, den Hintergrund zu grundieren. Starten Sie mit reiner weißer Farbe und arbeiten Sie mit kräftigen, schnellen Pinselstrichen. Nach und nach wechseln Sie in die anderen Farben über. Das Farbspiel wird durch die Zwischentöne, die ganz von selbst entstehen, wenn Sie den Pinsel nur ab und an auswaschen, besonders lebendig.

Lassen Sie den grundierten Stein trocknen.

Für die Kerze weiße Farbe mit etwas Gelb abtönen und die Form frei Hand auftragen. Zum Schluss malen Sie mit dem Pinsel oder dem Acrylstift die Kerzenflamme mit dem Kreuz im Docht.

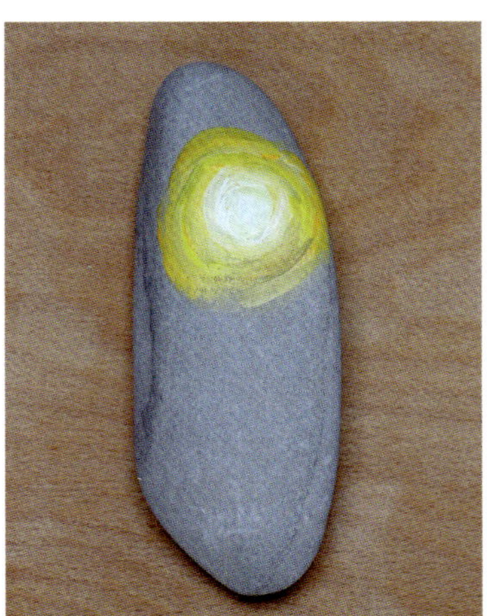

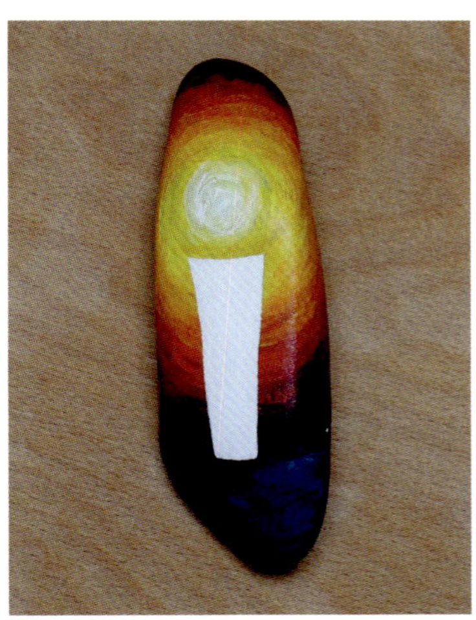

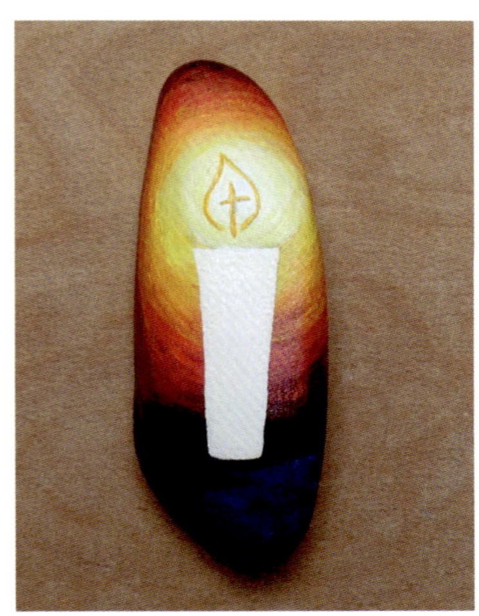

Meilensteine

farbenfrohe Erinnerung an einen ganz besonderen Tag

MATERIAL

Acrylfarben und Pinsel oder Acrylstifte • Tuschestift in Weiß • Masking Tape

ANLEITUNG

Übertragen Sie die Vorlage für Ihren Meilenstein auf einen passenden Kieselstein. Die Oberfläche des Steins sollte nicht zu rau sein.

Bemalen Sie die einzelnen Flächen bunt und in Lieblingsfarben und lassen Sie die Farbe gut trocknen.

Ergänzen Sie Ihre Worte mit dem weißen Stift.

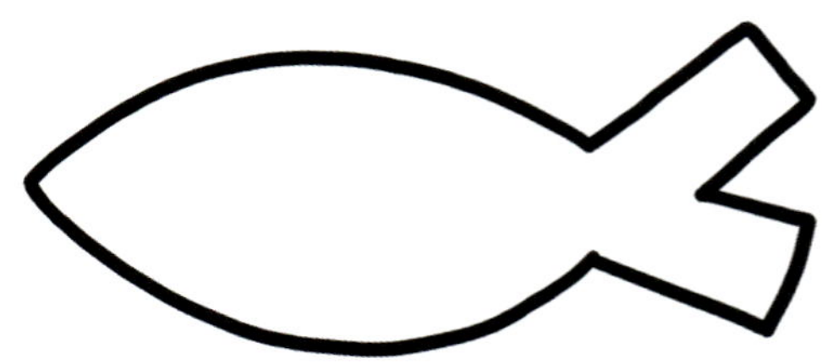

Tipp

Beim Modell mit den Schlagworten können Sie den Streifen für den Hintergrund mit Masking Tape abkleben. Ein Streifen des Tapes kann Ihnen später beim Schreiben auch als praktisches Lineal dienen.

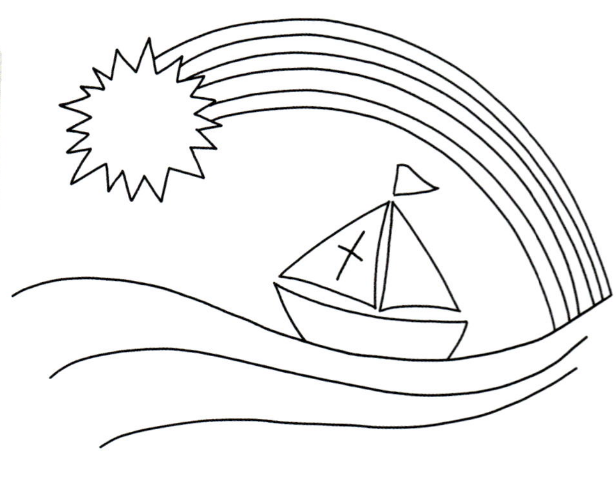

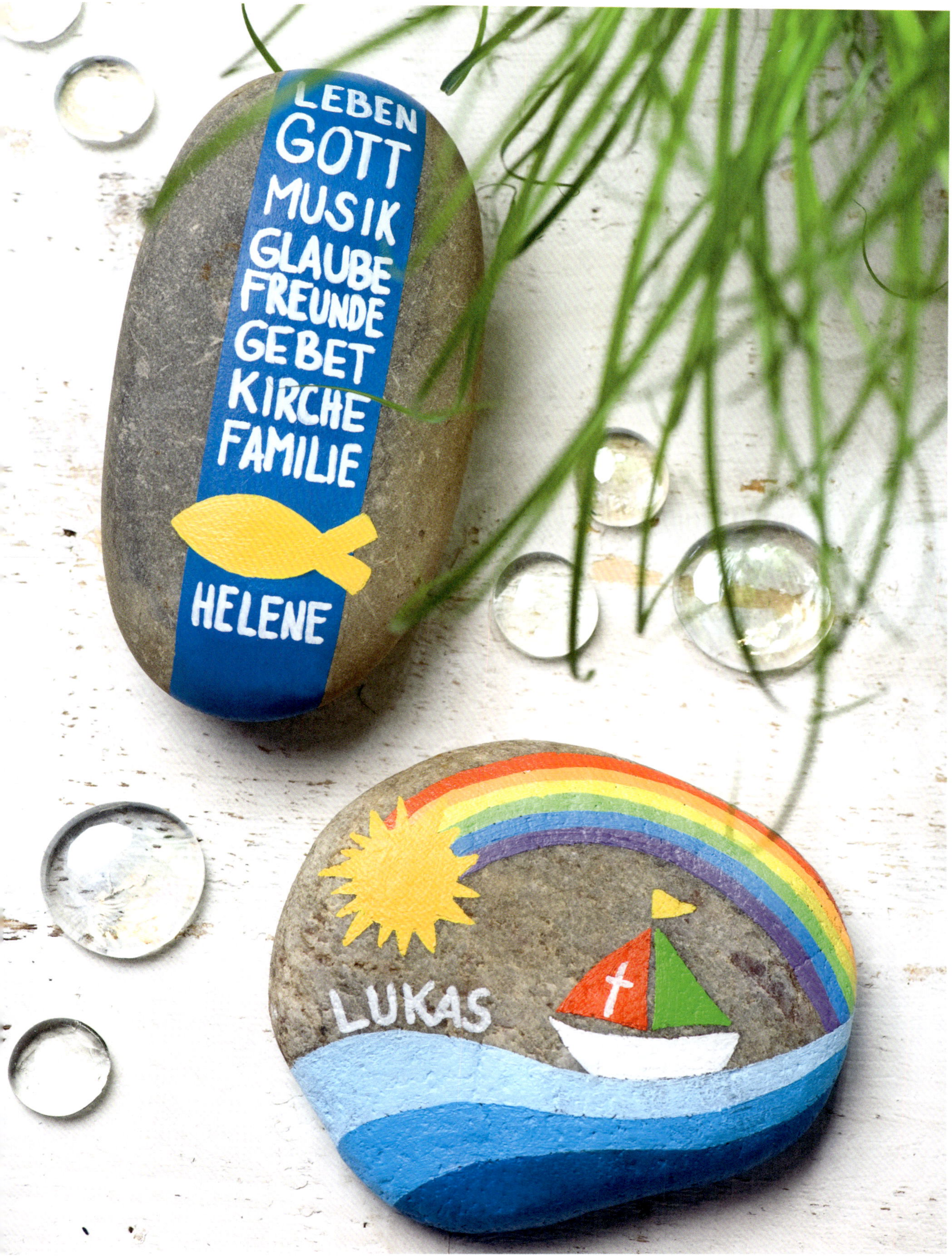
LEBEN
GOTT
MUSIK
GLAUBE
FREUNDE
GEBET
KIRCHE
FAMILIE
HELENE
LUKAS

Schöne Tischdeko

beliebte Symbole für christliche Feste

MATERIAL

Acrylfarben und Pinsel oder Acrylstifte • Lackstift in Weiß, Strichstärke 1-2 mm

ANLEITUNG

Diese Motive eignen sich hervorragend, um eine kleine Serie bemalter Steine mit christlichen Motiven zu gestalten.

Sie können die Hintergrundfarben auch wunderbar anpassen an Ihre Tischdekoration am Festtag.

Grundieren Sie bei jedem Stein im ersten Schritt die Hintergrundfläche und lassen Sie sie trocknen. Die Form dieser Fläche passen Sie ganz nach Ihrem eigenen Gefühl der Form des jeweiligen Steins an.

Danach malen Sie frei Hand oder mit Hilfe der Vorlagen die Motive und Konturen mit dem Lackstift. Variieren Sie bei den Konturen zwischen getupften, gestrichelten und durchgezogenen Linien.

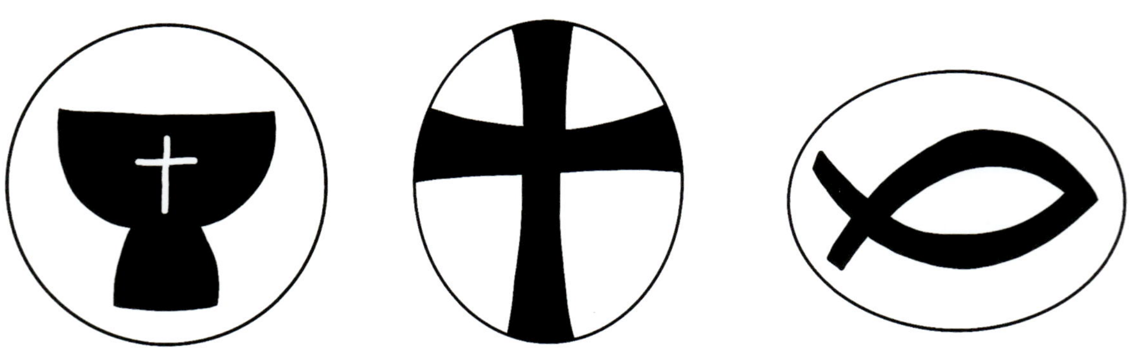

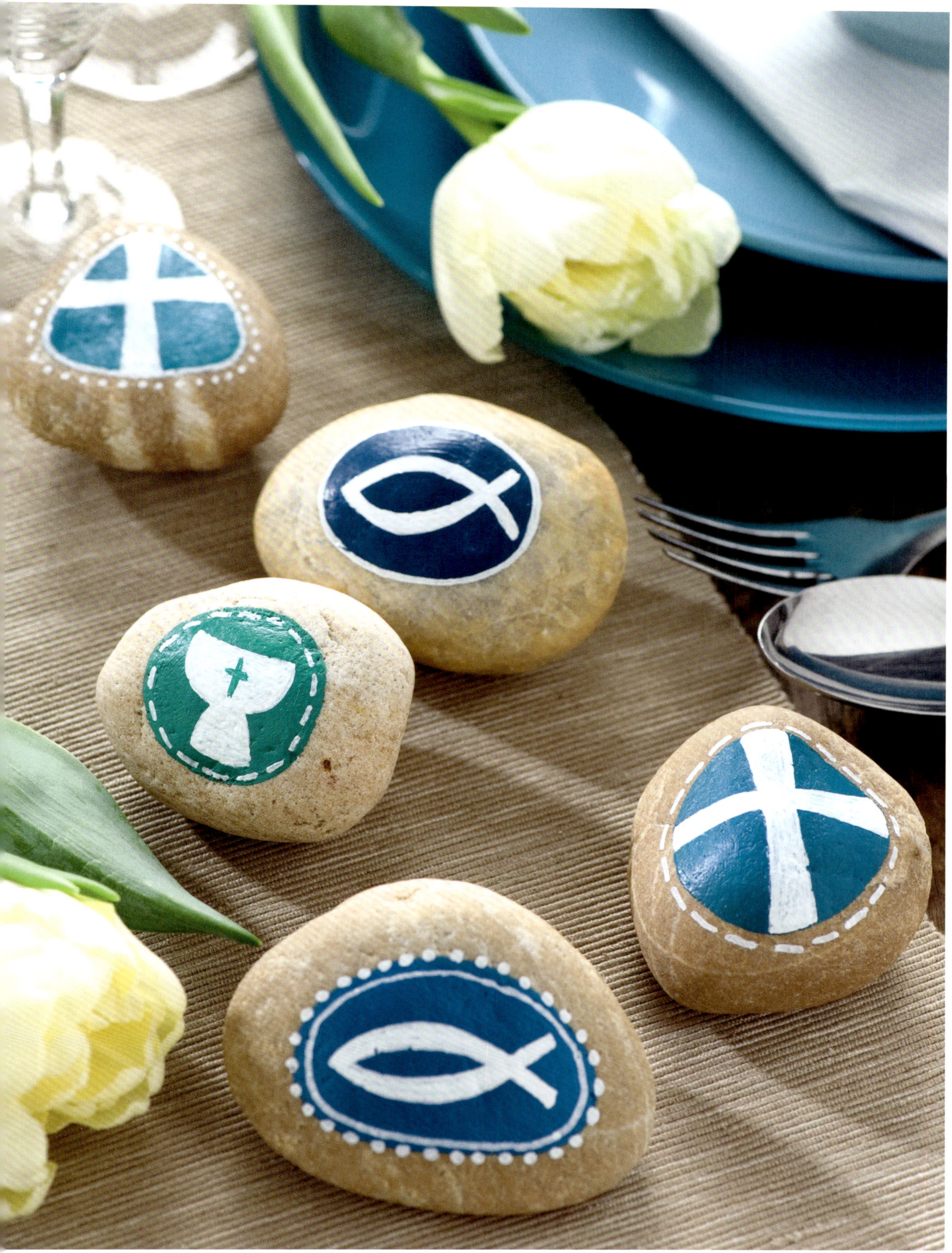

Dankeschön

kleine Kunstwerke zum Verschenken

MATERIAL

Acrylfarben und Pinsel oder Acrylstifte • Tuschestift oder Lackstift in Weiß, Strichstärke 1–2 mm

ANLEITUNG

Wählen Sie für diese Idee Steine mit recht glatter Oberfläche und geeigneter Form aus.

Übertragen Sie die Vorlagen für die Grundflächen auf die Steine und grundieren Sie sie mit Acrylfarbe. Übertragen Sie dann die Vorlagen für die Schriftzüge und Konturen und ziehen Sie sie mit dem weißen Stift nach.

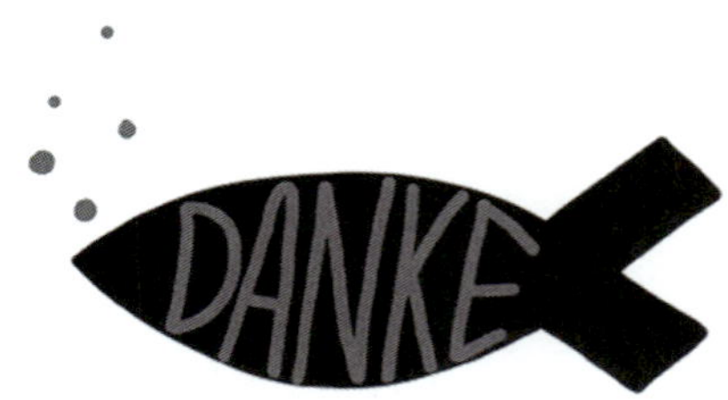

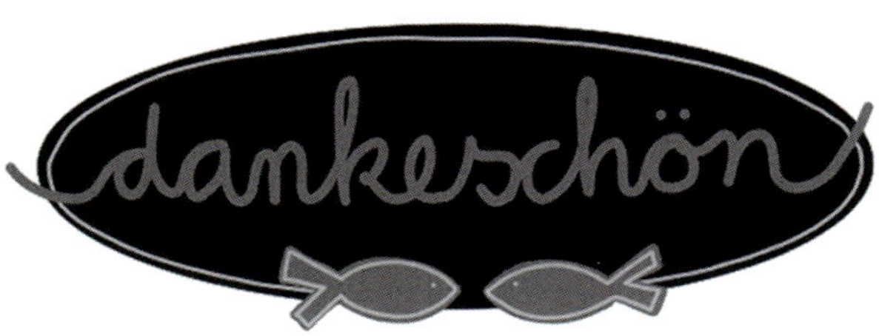

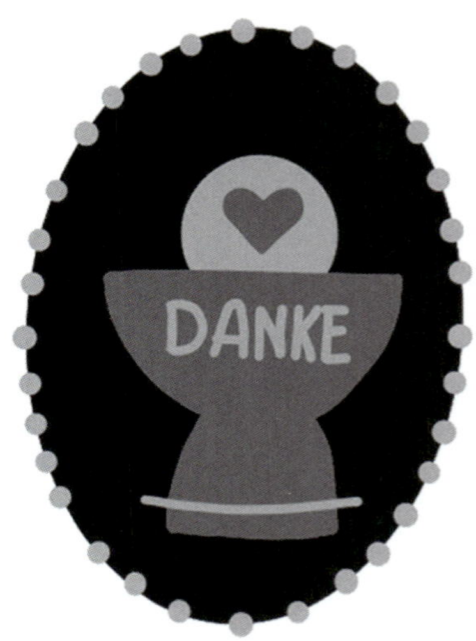

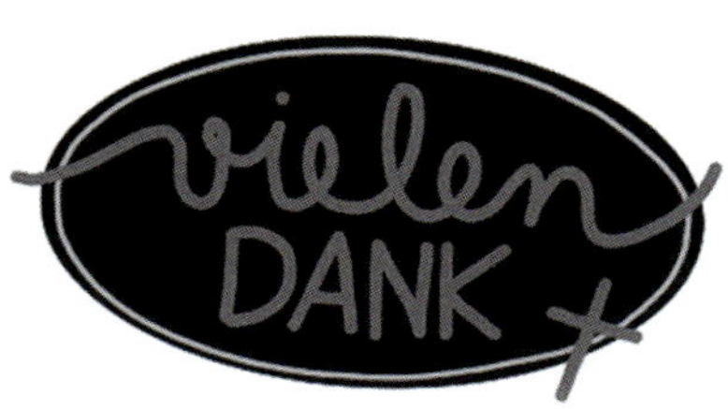

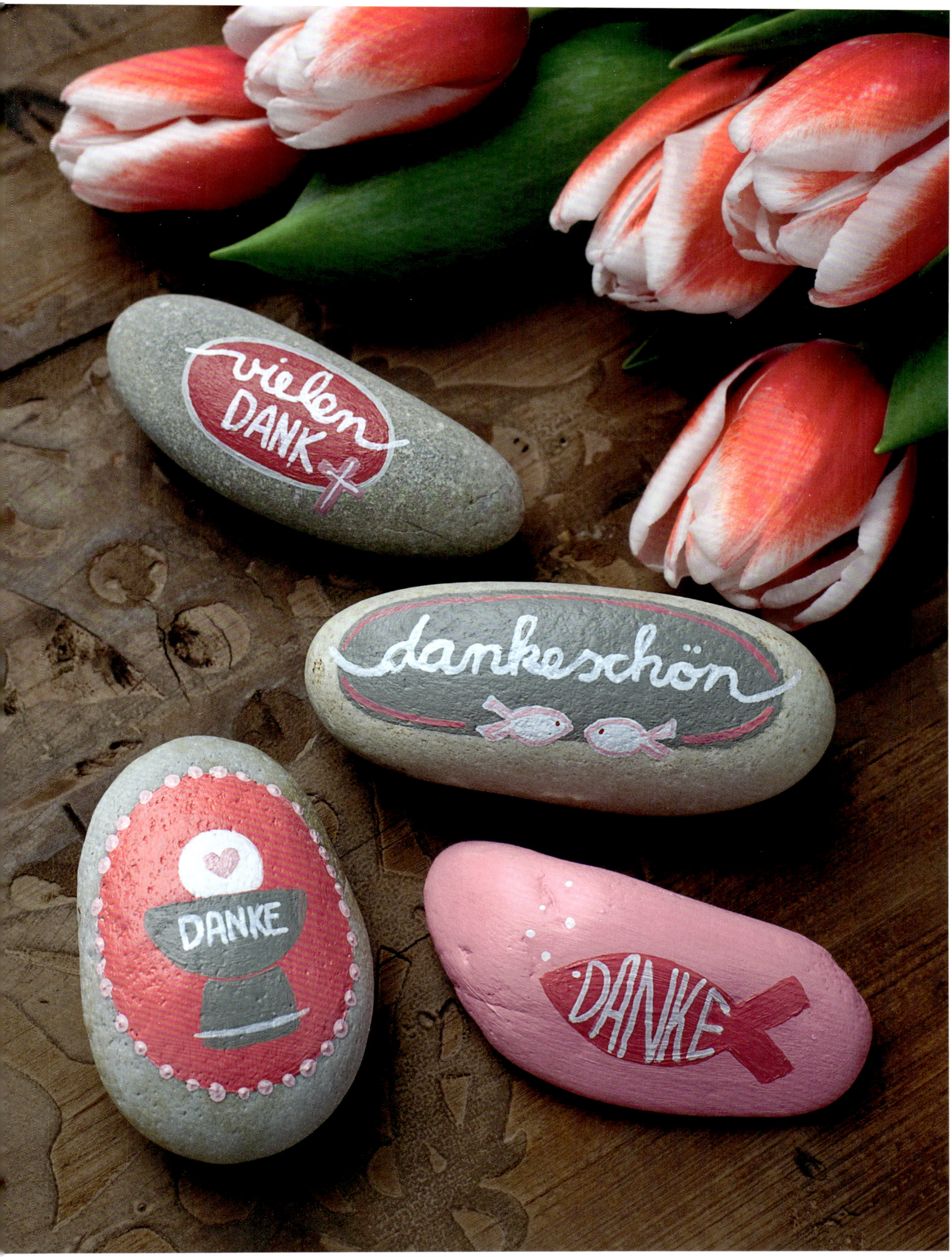
vielen DANK
dankeschön
DANKE
DANKE

Buchempfehlungen für Sie

Bei uns finden Sie noch weitere Bücher und Kreativ-Sets
von Claudia Fischer und Ilona Butterer.

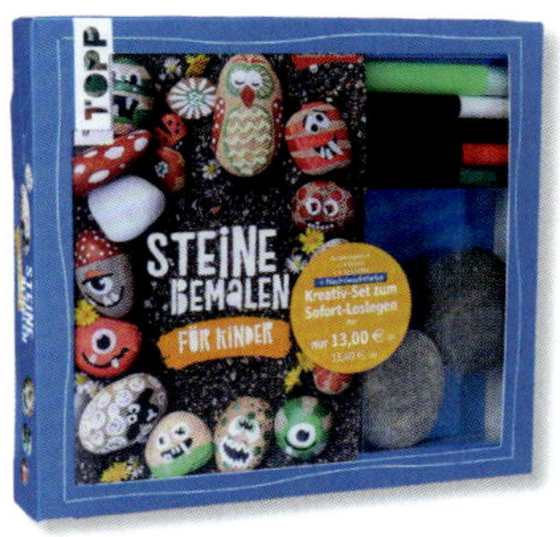

ISBN 978-3-7724-4470-8

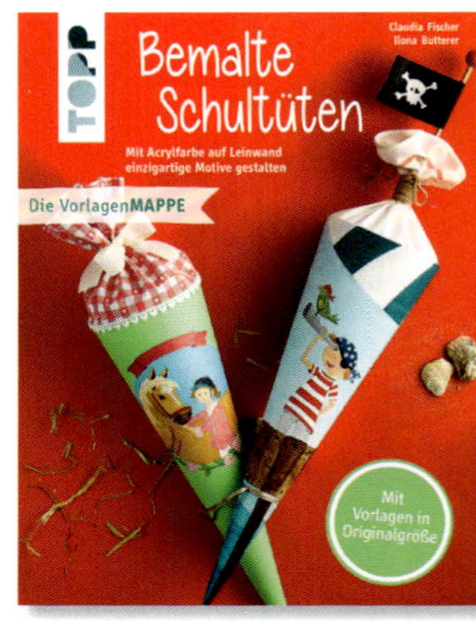

ISBN 978-3-7724-4355-8

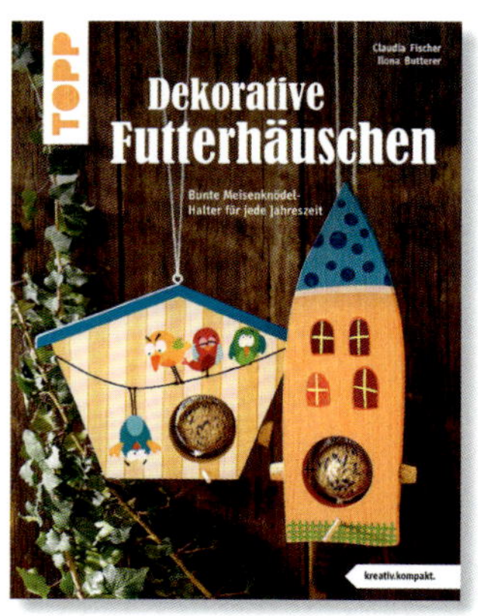

ISBN 978-3-7724-4387-9

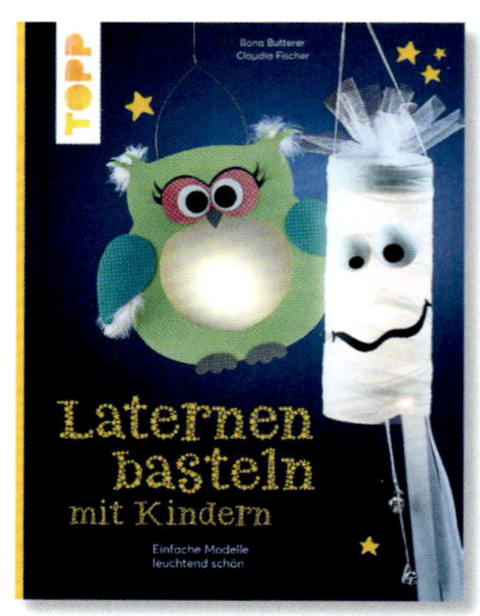

ISBN 978-3-7724-4392-3

Weitere Kreativ-Bücher finden Sie auf www.TOPP-kreativ.de

Sie möchten noch mehr kreative Techniken entdecken?

Wir haben weitere Bücher aus dem Bereich Malen und Zeichnen für Sie zusammengestellt

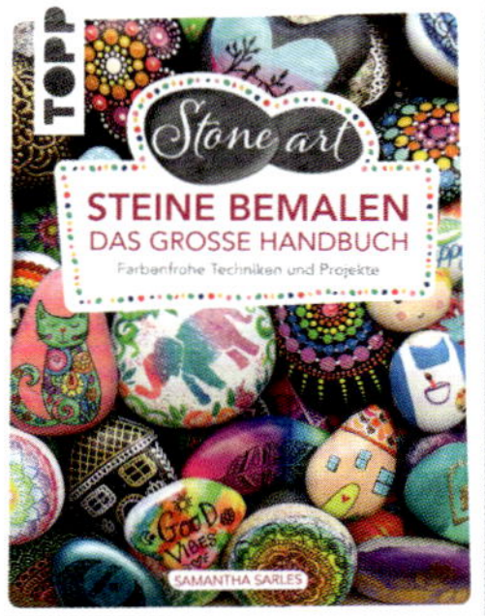

ISBN 978-3-7724-4745-7

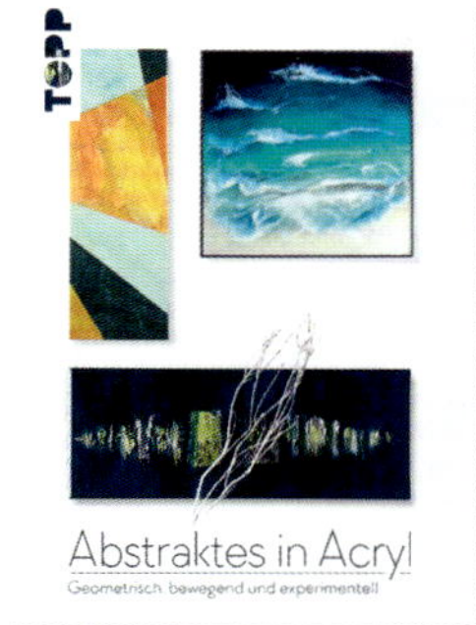

ISBN 978-3-7724-4703-7

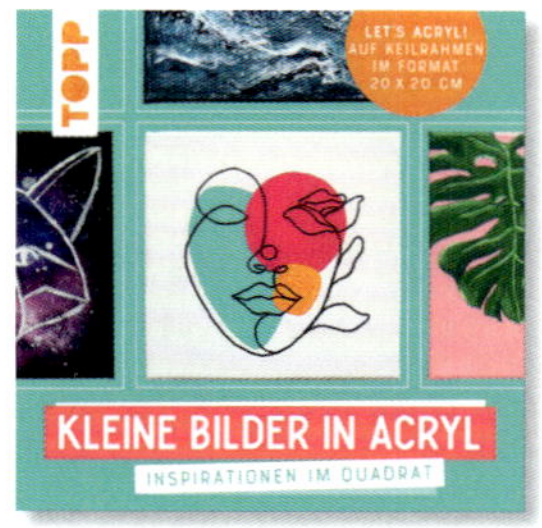

ISBN 978-3-7724-4705-1

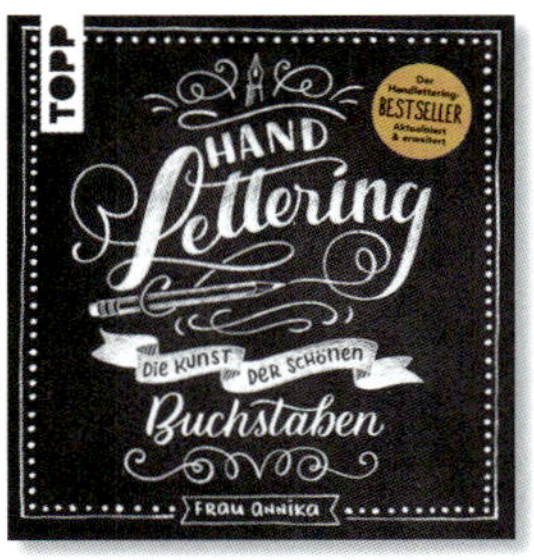

ISBN 978-3-7724-4720-4

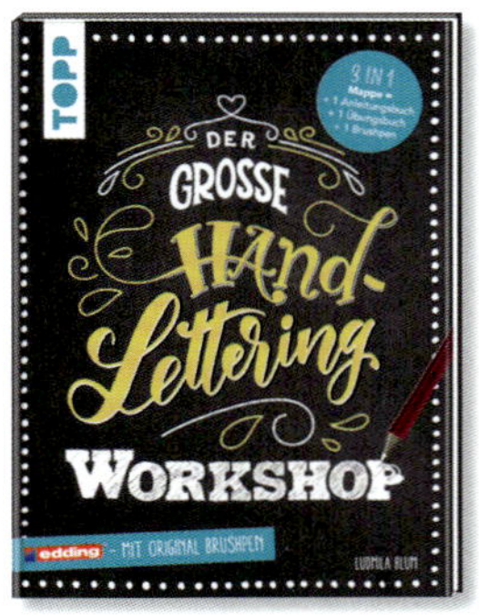

ISBN 978-3-7724-8341-7

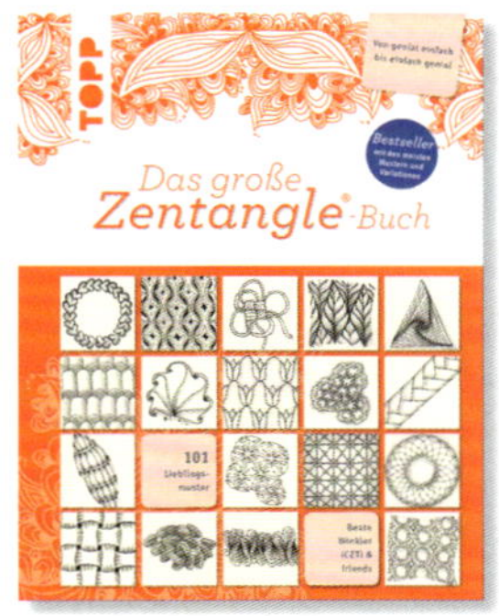

ISBN 978-3-7724-8371-4

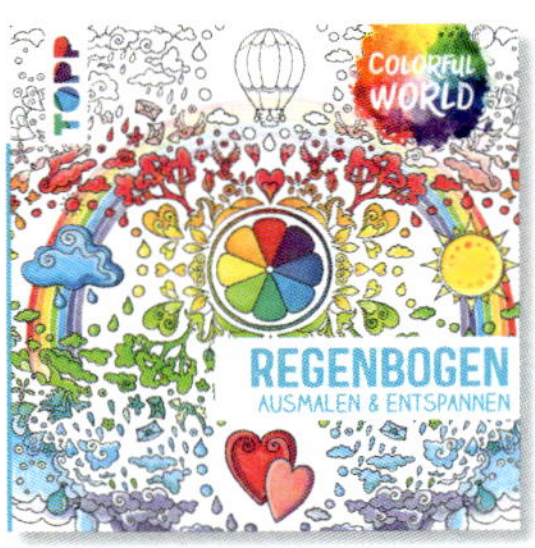

ISBN 978-3-7724-4716-7

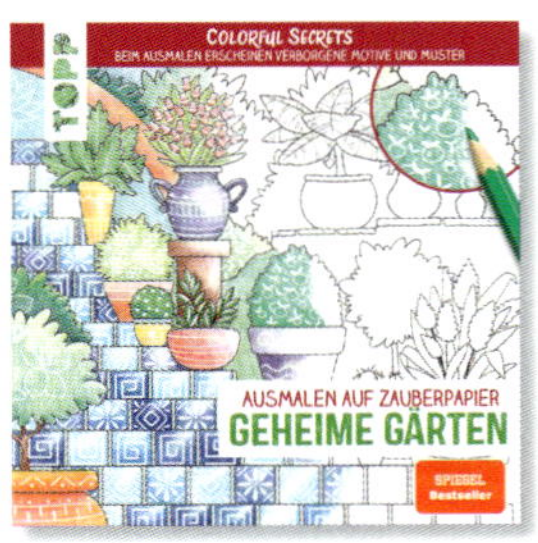

ISBN 978-3-7724-4717-4

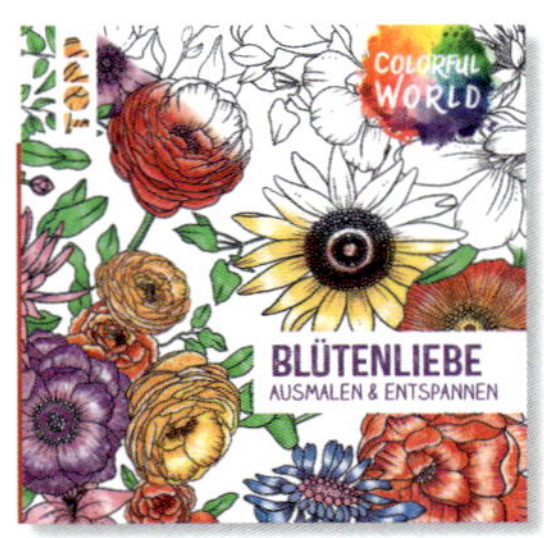

ISBN 978-3-7724-4715-0

#TOPPPROJEKT

Die eigene Kreativität zeigen: TOPPprojekt mit anderen Kreativen teilen und Teil der Gemeinschaft werden.

DIY-begeistert und auf Instagram?

Dann unbedingt mitmachen! Hier gibt's Tipps und Feedback zu den eigenen Projekten. Außerdem verlosen wir jeden Monat ein Überraschungspaket. Um am Gewinnspiel teilzunehmen, einfach ein Bild vom Kreativ-Projekt aus unseren Büchern mit #TOPPprojekt posten und unserem Account @frechverlag folgen. Mehr Infos auf TOPP-kreativ.de/TOPPprojekt

Mach mit beim

#TOPPprojekt

#TOPPprojekt
@frechverlag

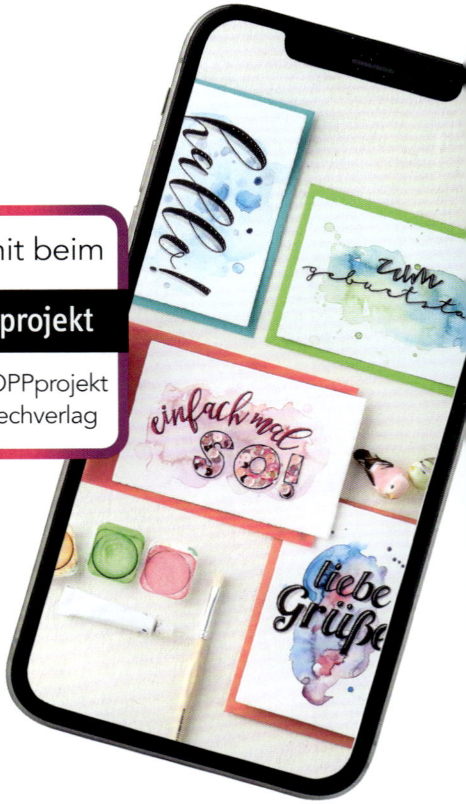

Webseite

Auf TOPP-kreativ.de können Sie ein riesiges Angebot von über 1.000 Kreativbüchern, Sets & mehr entdecken.

Newsletter

Gleich anmelden unter: TOPP-kreativ.de/newsletter und immer als Erstes von unseren Neuheiten und Sonderaktionen erfahren.

Instagram

@frechverlag

Pinterest

pinterest.com/frechverlag

Facebook

facebook.com/frechverlag

DigiBib

Hier finden Sie zusätzlich zu vielen unserer Bücher digitale Extras, wie Video-Tutorials, Plotter-Dateien, Vorlagen, -Übungsblätter & vieles mehr. Einfach im Impressum Ihres TOPP-Buchs den Freischalte-Code nachschlagen und exklusive Inhalte freischalten. TOPP-kreativ.de/digibib

Youtube

youtube.com/frechverlag

Wer wir sind, wie wir arbeiten, was wir lieben ...

Auf Instagram, Facebook und Pinterest finden Sie mehr über uns und unsere Arbeit und werden immer schnell und einfach mit den neuesten Infos versorgt.

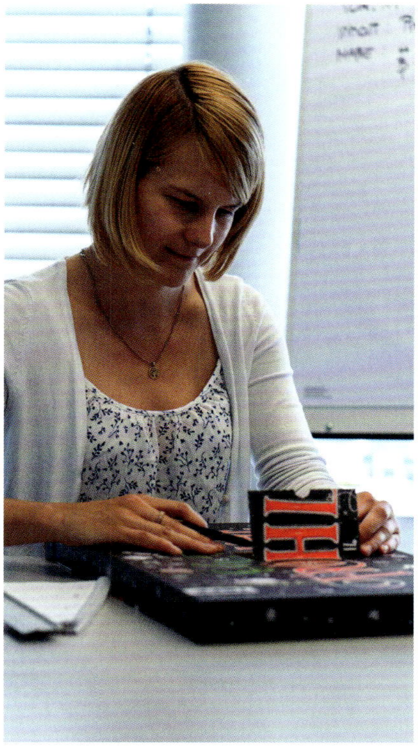
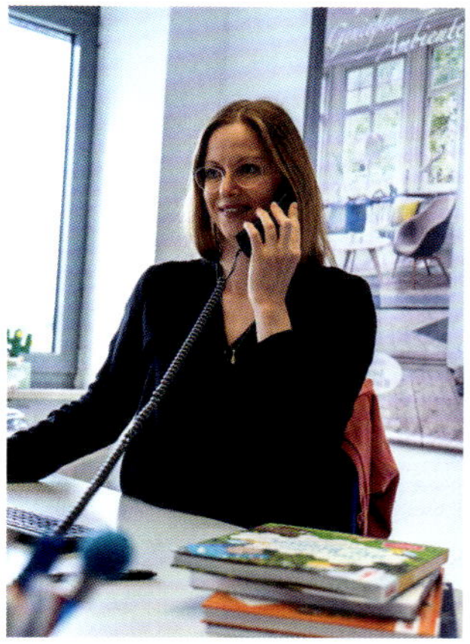
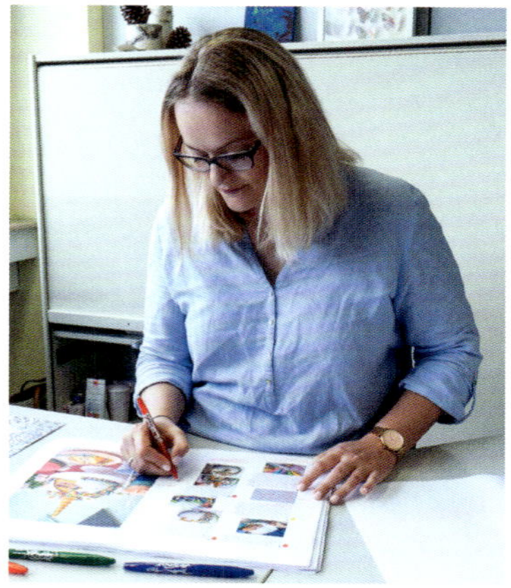
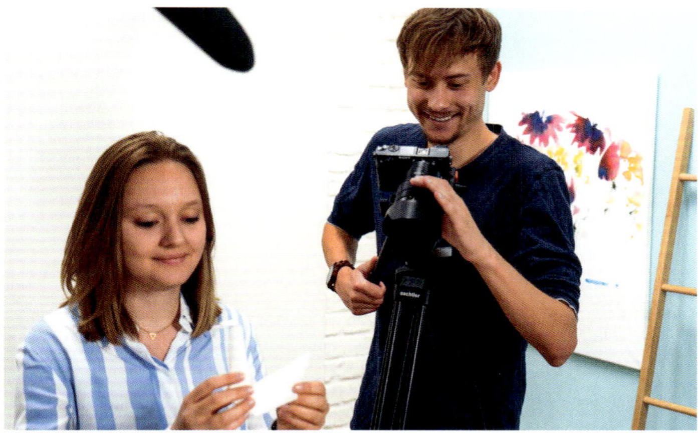
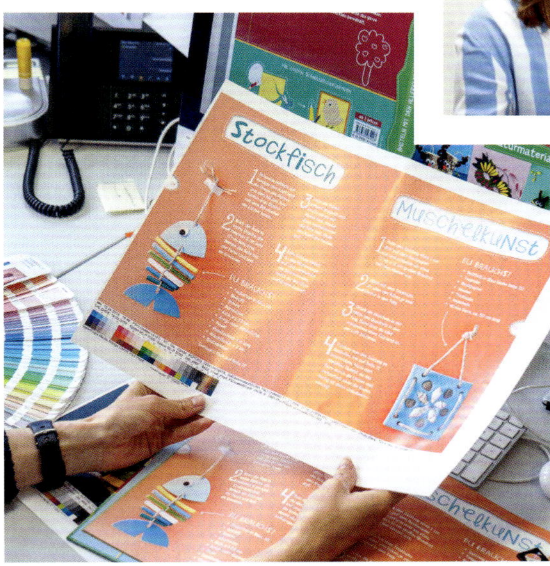

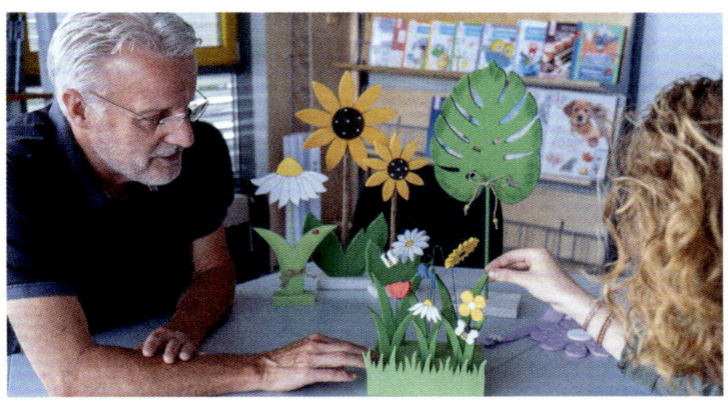

Alle News, alle Infos und alle Links finden Sie auf www.TOPP-kreativ.de

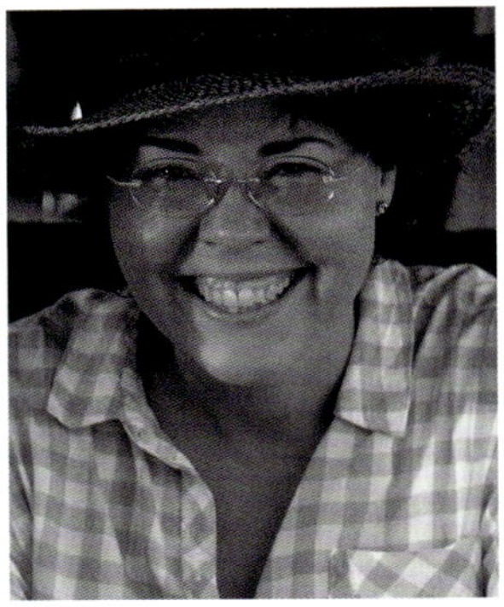

Claudia Fischer lebt im beschaulichen Bruchsal am Rande des Schwarzwaldes. Seit vielen Jahren arbeitet sie dort für und bei Creativ Markt Butterer. Daneben ist sie freiberuflich tätig.
Es ist ein Glücksfall für mich, sagt sie, einen so facettenreichen Arbeitsalltag zu haben, in dem für ganz unterschiedliche Aufgaben Raum ist und ich viele meiner Talente nutzen kann. Während die Arbeit im Unternehmen in der Regel Kopfsache ist, sind die kreativen Projekte bei aller Professionalisierung oft auch Herzensangelegenheiten. Ruhe und Balance findet sie zuhause, neue Ideen und Impulse auf Reisen und unbeschwerten Streifzügen in der Umgebung.

KREATIV-HOTLINE

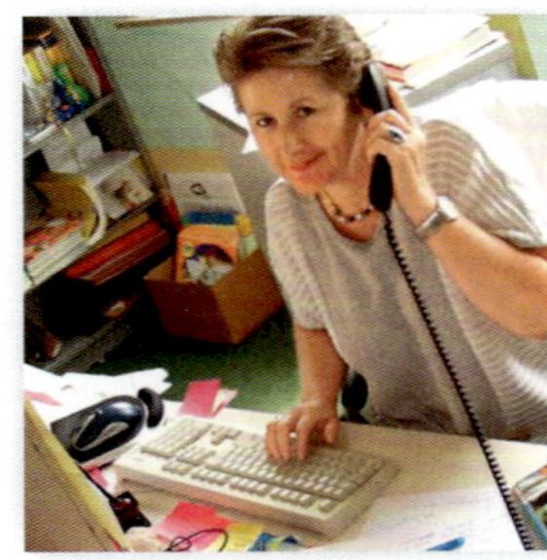

Hilfestellung zu allen Fragen, die Materialien und Bücher zu kreativen Hobbys betreffen:
Frau **Erika Noll** berät Sie.
Rufen Sie an oder schreiben Sie eine E-Mail!
Telefon: 0711 / 123 757 20*

*normale Telefongebühren

E-Mail: mail@kreativ-service.de

IMPRESSUM

Fotos: Claudia Fischer und Ilona Butterer, Bruchsal
Produktmanagement und Lektorat: Lisa Sutor
Layout und Satz: Katrin Röhlig
Umschlaggestaltung: Alexandra Guiso
Druck und Bindung: Tiskárna Grafico s.r.o.

ISBN: 978-3-7724-4777-8 • Best.-Nr. 4777